男人是逻辑动物
女人是情绪动物

〔美〕迈克·贝克特尔博士◎著

李菲◎译

Wuhan University Press
武汉大学出版社

—————

致儿媳露西

我曾经祈祷，希望我的儿子找的另一半能带给他快乐。

你的到来远远超出我的意料，也给我们带来了无尽的欢笑，

这是我们都未曾想到过的。

你真是上帝给我们的令人惊喜的赏赐!

—————

致谢辞

出过五本书之后，我终于有了一些收获。

·你写的越多，就能掌握更多的写作技巧，写作也会变得更加轻松容易。

·你想要写出好文章，写作就不是件容易的事，于是，写作就会让你去学更多知识，思考更多问题。

·你独自一人写作，那就意味着多个小时里，你会一直坐着，思考着，键入文字。当你停下来跟人说话的时候，你就没有写作了。

·你不是一个人在写。你的生活中总会出现一些人，他们让你走向成功。就我而言，每次帮助我成功出书的都是同样的人。

我很幸运，我拥有世界上最棒（说"最棒"我还觉得言辞太过简单，但确实是最真实的想法）的编辑来帮我出版所有的书。编辑维基·克伦普顿每校对一次稿件，稿件就从一个稚嫩的"少年"逐渐变成一个懂道理的"成年人"。虽然经过了编辑的疏通校对，但它表达的仍然是作者的心声，它只是变得更加通顺了，读起来也不再那么晦涩难懂。这真是上天赐予的礼物，我对这次合作心怀感激。

乔尔·尼德勒是最好的代理人代表之一。本书的出版发行从开始就由他负责，无论是我们之间的关系还是我的书，他于公于私都投入了很多。我最近的两本书都是与他合作的。不幸的是（对我而言确实如此），一位重要的合作出版商发现了他的才干，把他挖走了，并给他提供了一个更加重要的职位。这很值得，我也很自豪看到他离开。这是我的损失，但我为他而深感自豪。

丹尼斯·切内科夫博士的专业是婚姻和家庭关系理疗师，他治疗的病人都经历过本书中提到的各种问题的考验。他很关心自己遇到的病人，他对生活中遇到的每一个人都充满怜悯之心。他对我思想和言语的认真监督让我变得不再那么癫狂。我既重视与他的友谊，也很看重他对本书的出版发行所做的努力。

此外，没有我的妻子黛安，我也不可能写出本书。本书中的所有理念都形成于我们多年的婚姻之中。我写作本书的时候，她经常跟我聊本书中的理念，从女性的视角来评价我的文字，而且一直是我最亲密的良师益友。写完这本书之后，我们更加爱慕彼此了。她让我的努力变得有意义。

我的家人带给我快乐；我的朋友赋予我能量；我的同行们让我

的思维更加开阔，帮助我成长；我的读者们激发了我继续写作的热情；上帝则赐予我独特的视角和才能，让我关注最重要的事情。

我总是喜欢写这种类型的题材，因为它会提醒我没有人能够独自走过一生。为此，我也一直心怀感恩。

谢谢。

前 言

────────

自言自语

你跟丈夫正驾车出行。已经到了晚饭时间了,你们这一天下来已经疲乏不堪。你正在考虑,最好是停下来吃完晚餐回家,而不是回家勉强打起精神去准备晚餐。

因此你问道:"我们要不在哪里停下来吃顿饭再回去?"

他却回答:"不要。"

由于男人和女人处理信息的方式不同,他的这个回应可能会令你感觉很受伤。难道他一点都不关心我这一天有多么难熬吗?为什么他这么不考虑我的感受?为什么该由他来决定我们要做什么?

也许你的这些想法是没有错的。他可能确实没有关心你,也没有考虑你的感受。而事实上,他可能根本没有想到你话里的这些含义。他只是听到了你在问他什么问题,因此他也很诚实地做出了回答。也许他也非常疲惫，非常想回家，而不是跟你去喧闹的餐厅吃饭。也许他只是太过关心家庭收入，感觉钱还是要省着用。

你觉得他应该了解你的需要，而他却认为回答了你的问题，因此也没必要解释什么。同样的话语，不同的解读。这个晚上剩余的时光可能因为说不出的期许和情绪而变得压抑。

这就是语言的障碍——两个人说着同样的话，但相互的话都接不上。假如我们认为，另一半能够完全了解我们所想表达的意图，那我们就是自寻麻烦。

这与年龄和地位没有关系。

少女们根本不了解男孩的思维就开始与男孩约会。她们所知道的东西都是从生活中观察而得来的，她们认为自己完全能够驾驭考验人的爱情。

新上任的经理进来了，他的行为似乎与言辞相矛盾。但你不能够质问上司，不是吗？于是你所能做的就是试图理解他的言行。

新婚夫妇很快就发现他们的配偶跟自己预期的不一样，甚至还思考着蜜月结束后会发生什么事。

母亲总是质疑，自己的儿子和女儿为什么那么不同，并且总是想弄清楚孩子们的想法——尤其是孩子们的青少年时代。

你想要掌握新的技能，于是你选修相关的课程，读专业的书籍，或者加入研讨班学习新的知识。如果你想要提高与男人交流的技巧，那就要花费时间和精力去跟男人交往。

男人是逻辑动物 女人是情绪动物

现在到了开始交往的时候了。

每个人都与众不同

我是个喜欢早起的人。通常，还不到日出我就睁开了眼睛，只要五分钟的时间我就能彻底清醒过来。我用一杯咖啡开始一天的生活，这时是我精力最充沛的时候，也是我的心理状态最好的时候。晚上九点时，我有时还在思考文稿，有时则在散步。头一挨上枕头，我就能在数秒内睡着。

我的妻子黛安则是个夜猫子。她因为工作需要常常要早起，因此她也学会了如何在早晨做出相应的规划。但事实上，她的工作状态总是要到下午甚至傍晚时才能变得最佳。她入睡所花的时间比我要长，因为她人虽然歇着了，但思绪却并未停止工作。

刚结婚两周，我们就发现了这个问题。晚上，我们上床睡觉了，我刚准备入睡，突然就听到了让男人们恐惧的那句话："我们得谈谈。"

对她来说，那个时间说话是合理的。她一整天都在思考一个问题。但作为一个年轻的丈夫，这却令我抓狂，因为我不希望她觉得我不关心她。于是，我不断告诫自己，不要睡觉……不要睡觉……而她则在不停地说话。她认为她体贴的新婚丈夫会很乐意跟她谈论问题。我确实对她说的话很感兴趣，我也真的很在乎她。而实际上，那天晚上，她在不断地说，而我则一直在打瞌睡。

那天晚上的谈话实际上就是她一个人在自言自语。

那之后，我们都不得不做出一点改变。但正因如此，我们都意识到了我们是不一样的人。这种不同一部分是出于我们分属喜欢早起的人和夜猫子两派，但不同的远不止这一条。我们之间有太多不同，因为她是女人，而我是男人。

这些不同之处给我们的交流带来困扰，但我们当时还不能够完全理解。

真正的不同

"我真不明白，"一个女性朋友跟我抱怨，"我真不了解男人。"

"发生什么事啦？"我问。

"我们交往的时候，"她继续道，"我是他最重要的人。他不断追求我。他给我送花。他没事总会给我打电话。我在工作的时候他会在窗口给我留言。他总是带给我惊喜，这赢得了我的心，于是我嫁给了他。"

"然后呢？"

"婚后我发现了他是从哪儿得到那些花的，"她抱怨着，"他

男人是逻辑动物 女人是情绪动物

就是停在了公共墓地，然后把坟墓前的花拿回家来了！"

"这让你很难过吗？"

"当然啦！"她回答，"他认为这样做是明智的，也很实际，因为那些花已经完成了自己的职责，它们不久就会被人扔掉。我告诉他这让我觉得恶心，但他却怎么都不能明白我的想法。他是个很不错的男人，这一点却跟他的个性差异很大。他究竟是怎么想的？"

这真是个大问题：男人究竟是怎么想的？

这个问题可不简单。我们唯一能够确认的就是，男人的思维跟女人的思维是不一样的。我们可以整天都讨论这个话题，但我们从经验便能得知，男人和女人确实不同。

过去的数年里，在工作场合有很多要求性别平等的事例。女性的工作机会没有男性多，而法律却为女性打开了这些门，这是很正当的。

然而观念的转变还是很麻烦。我们现在普遍的观念都是"男人和女人是一样的"。这话似乎是说要消除差异，这样每个人才能得到公平的对待。男人们和女人们都会穿着职业装，一同坐在一张会议桌前，对待彼此的态度都非常谦恭有礼。所有工作的大门都是敞开的，每个人都有同等的机会去争取。

然而，他们坐在桌前开始交流的时候，彼此共同的反应都是"啊？"

无论在哪个方面，大家都希望能够获得平等。他们都想用应该有的严谨态度去对待工作、恋爱、婚姻和友谊。人们都彼此关爱，并希望给他人的生活带来快乐。

　　但是"平等"并不等于"公平"。男人和女人确实是不一样的。最明显的不同就是我们的交流方式。女人听不懂男人话里的意思，男人也不明白女人的意思。要解决这个问题并不是要"弥补"这些不同之处，而是要试图理解它们。

　　我们可以用法律约束行为。但是，要改变男人和女人本质上的不同就像是推测太阳在天空中运行的轨迹，我们可以推测出那道轨迹，但如果弄错了方向，我们就会失败。

　　市面上有很多书都是争论性别角色和社会问题的。而本书与那些书不一样。本书只是一本让女人了解男人内心世界的指南。女人对男人的内心世界了解得越多，就越容易与男人高效沟通。

　　我跟一些女性朋友们交谈过，她们都想要跟男人好好沟通，这种欲望就好比她们的车正以每小时65英里的速度前行，而她们却试图给车换轮胎。这可行不通。我的一个朋友就说："我本以为这很简单，因为我们有很多相同点。但一开始交谈，我就感觉我们说的是不同的语言。我真希望他出现的时候，自带'说明书'，让我一看就明白怎样与他沟通。"

　　这里还有一个问题：每个男人都是不一样的，女人也是如此。如果我们用一个一成不变的例子说"男人都是这样的""女人都是

男人是逻辑动物　女人是情绪动物

那样的"，那我们可能会惹出大麻烦。我读过上文所提到的那些书，我认为书中说的确实有道理，不过那种行为却不是我会做的。因此，本书一开始，我们就要提出很重要的一点：每个人都是与众不同的。

这里有一些与之相关的概论，我们就从这里开始——明白每一个人都是与众不同的。我们探讨的理念不过是讨论的开始。实际上，从你附近的事物中，你就能发现很适合开始讨论的话题。这是探索彼此心理的工具，而不能拿来给你生活中的某人贴标签。

确实，如果男人们出现的时候能自带说明书，那真的很棒，而事实上，我们并没有带着说明书。女人、孩子、上司、邻居和亲友们也都没有带自己的说明书。我们跟这些人的相处方式会有一些共同之处，但这些共同之处，只是让我们对这些人有初步的了解，如果要对他们有深入的认识，那就要对他们的个性进行深入了解。

谁偷了说明书？

我最喜欢的一张照片，是我的第一个外孙女艾薇丽的，那是她出生后从医院回家拍的。那时是她第一次洗澡，我女儿把她抱到澡盆里，我的女婿则握着一张医院开的说明书，试图弄明白该怎么做。他们眼里那种抓狂的神情似乎在说："我们该怎么给这小家伙洗澡呢？"

自那之后的十二年里，他们逐渐摸索出了经验，而艾薇丽也渐渐长大了。但我敢肯定，他们在艾薇丽的不同年龄段里都希望能得到一张说明书帮助他们。

要明白怎样跟男人交流就像是学开车一样。每一辆车都有刹车装置，都有一个油门、一个方向盘，两个车前灯和一个油箱。不过有时候这些东西的位置并不相同。近期，我租了一辆小车，却找不到加油口盖（这个口盖在一个我完全意料之外的地方，我根本不会想到要去那里找）。但好在使用说明书就在仪表板上的储物箱里，按照说明书的指示就找到了。

如果我遵循车辆的使用说明，那我就能自如地使用车辆。但是面对人的时候就不一样了，因为每个人都是与众不同的。人的很多特质是相同的，但我们不能遵循"以一通万"的说明，期待它无论什么时候都能行得通。我们可以学习交流和维持关系的技巧，但是我们交流相处的过程是复杂多变的。

本书不是一本说明指南，而是一本领悟指南。在本书中，你读不到那种确保跟男人完美沟通的技巧。但本书会让你明白男人是如何思考的，你也会知道男人的思维跟女人的思维究竟有什么不同。即便你不能完全理解那些不同之处，你也会知道为什么男人们会按他们的方式思考。

我的妻子黛安就说过，她看到过很多男人们写的指导女人该怎么做的书。就算建议还算中肯，但也是从男性的视角而写的——这就像是鱼教鸟儿游泳一样。

我认为确实如此，因此写书的时候，我是万分谨慎的。我是个男人，无法确切地掌握女人的思维方式。但我研究过两者的不同之处，并且也研习过该怎样尊重这些差异，该怎样与女性和谐相处。我的目标并不是去附和那些千篇一律的说辞，但我会跟读者们分享我的理念和我的发现。我的首要目标就是，在女性探索男性思维世界的时候，给你们当翻译或者引路人。

曾经，我为加利福尼亚州最大的电力公司举办了一次研讨会，安全事务处处长也出席了。我问他负责的工作究竟是什么。他回答说："我的工作就是阻止人死亡。"我继续追问，他继续说："如果你不遵守规则，电会杀人的。因此我就是要确保人们明白可能发生的危险，当他们处理与电相关的事件时，能让他们做出正确的抉择。每年都有几个人因为没有认真对待电而死亡。"

"老实说，"他坦承，"我也不明白电究竟是怎么一回事儿。我在电力学方面取得了一定的学位，但我对电是如何发挥效用的仍然无法完全理解。但我非常遵守规则，我也知道，要获得期待的结果，我应该怎样使用电。其他人却没有完全理解这一点，他们应该知道，尽管掌控了电力，也要知道电是如何工作的，这样他们就能避免受到伤害。"

我认为这是一条很棒的说明。女人们不会完全理解男人的思维方式，因为这不在她们的理解范围之内。但如果她们明白男人的思维究竟是怎么回事的话，她们就会用尊重的态度来让双方的关系保持在安全范畴之内。

认识男人——"没头脑"

男人的头脑就是他的控制中心。他所做的每一件事都是因为他深思熟虑过。因此，如果你想知道该怎样和男人沟通，你就要知道他的头脑究竟在哪里转弯。如果你判断对了他的思绪，那他所做的一切都可以得到解释。

我无法告诉你某个特定的男人究竟是怎么想的，但我们可以在他的头脑里"旅游"。我会做你的向导。我们可能会遇到很多"瞭望台"，我会标记出那些路标。我会指出"陷阱"和"危险区"，让你们避开"流沙区"和"毒（废）料区"。我们还能攀登上"高峰"，让你看到在深陷"沼泽"中时无法领略的美景。

结束旅程之后，你就会明白男人的头脑到底在想什么了。每个人的思想都不一样，但你总会找到你想找的线索。你会觉得你离男人的距离又近了一点点。由于你现在明白了男人的头脑构造，你也就能够按男人的思维改善你的说话方式，这样也有助于你与男人的交流沟通。

男人是逻辑动物 女人是情绪动物

交流——确定关系的重要因素

女人总不能只读一本写男人是如何思考的书，就期待两人的交流会有所改观。读书只是一个开始，而理解却是要在沟通的过程中进行的。如果我们能够有效沟通，那我们的关系就能得到很大的改观。而如果我们不改善沟通方式，我们的关系也不会得到改观。

男人和女人交谈，其实是在进行跨文化沟通。尽管他们说的是同样的语言，但他们说的话却有不同的含义。男人说"我饿了"的时候，女人可能认为，他希望我给他做点儿吃的。这个想法可能没错，但他也可能只是在说一个事实，并没有什么特别的期待。如果双方有一方在猜测对方的真实意图，那交流就会变得相当困难。

婚姻、家庭、工作或友情，都是如此。女人随时都能遇到男人。女人应该认清楚男人，不要将他视作需要重新打造的人，这样他就能按她的思维方式思考。这不是要改变男人，而是要确定好跟男人的关系。

本书的特色

开始本书的写作之前，我就已经了解过其他相关主题的书籍内容。我发现了很多书的主要内容都是关于建立男女关系、巩固婚姻堡垒以及克服与人沟通的瓶颈的，其中某些书还特别写了要怎样理解男人。这些书大部分都有以下的特点：

· 它们都是女人根据自己与男人相处的经验而写的。

· 它们的主题更倾向于两性关系而不是只关注男性的特殊之处。

· 它们的内容大部分都是建议，提醒你应该怎样做。

· 它们的内容大部分都是作者的建议和意见，而非研究和探讨。

· 它们提出的建议大都是基于研究得出的，读起来就像是哲学专著。

大部分书的作者都视角独特，而且读者们也会觉得读到这样的书很值得。这些书的市场真是不错，但我就是没有发现，对男人是如何思考的独到的见解。

本书就是"让你进入男人的思维世界"的工具。我想带你们去男人的头脑之中"观光"。如果你能够领悟男人的思维，那你就能

男人是逻辑动物 女人是情绪动物

够在自己的生活中与男人进行高效率的沟通。发现男人的独特性，了解他们的视角会让你明白男人跟你说的话的真实含义。

当我告诉女性朋友我在写这样一本书的时候，她们都像得到了慰藉："那正是我需要的呀！"而当我把这个消息告诉男性朋友时，他们的反应则很抵触："不！不要泄露我们的秘密！"

本书并不是想给男女双方提供任何便利。本书意在给男女双方顺利沟通，并稳定双方关系提供指南。本书的内容既有其他人的研究成果，也有我自己的研究成果。我一直都是按男性的思维方式思考问题，但我的工作也需要研究各种不同的人。我曾经做过大学教授、牧师、教师、私人辅导员，并且也做过企业顾问，主持过三千多场研讨会。攻读博士学位时，我选择的是高等成人教育，也是在此时，我开始了解辨认人们思维方式的基础内容。

每一个男人的思维世界是怎样的，我不可能都清楚。我的经历也只是因为我有很多机会去观察人们的行为，跟人们交流，而我希望能将我观察到的东西与你们分享。我并不要求你们赞同我说的每一句话。我的目标是让你们能够窥探到男人思维世界的一个角落，这样你才能巩固与男人的关系。

本书的主题包括如下几个方面：

· 在关系紧张和不紧张的时刻分别应该怎么办

· 他为什么不说话，不让你知道他的想法

- 男人是怎样倾听的，跟女人的倾听有什么不同
- 他说的话究竟是什么意思
- 谎言
- 他做出的选择究竟有什么目的
- 成熟的两性关系是什么样的
- 他过往的经历对他的现在有怎样的影响
- 男人的行为由什么驱使
- 只有女人能够满足的需要
- 为什么他看不到脏东西
- 他的情感是怎样的
- 他是怎样关心别人的

　　这也是我希望你们了解的。阅读本书是一场理解之旅，我很乐意为你们做向导。你阅读本书可能是想要更好地了解你的丈夫或男朋友，这也是本书的主题。但你也能从中了解到怎样跟男性上司、男性亲朋交流。

　　因此，让我们开始旅程吧。我们已经准备好了，就一起享受这次冒险之旅吧！

　　愿你们享受这次旅程！

男人是逻辑动物 女人是情绪动物

等待——你应该为这次旅程签署免责书

在我们开始旅程之前，还需要做一份很重要的免责声明：本书中所提及的都是心理健康的男性。

并不是所有男人都是"健康"的。有的男人控制欲很强，而且很自私，这些问题与他们早年的生活经历、创伤或别的什么障碍息息相关。

每一个男人都有不愿承担责任和以自我为中心的时候。不止男人是这样，我们所有人都有这样的时候。这种状况下，跟人交流非常困难，而本书将会提供必要的技巧和工具以帮助你们应对这样的时刻。

有不良思想和行为的男性不在本书的讨论范围之内。开始这次旅程之后，你可能会发现你丈夫或男朋友头脑中那些不良的思想已经占据了很大一块空间。如果你遇到的男人是这样的情况，那自助的书就没有作用了，你应该寻找专业的治疗手段。

如果我头痛，我就会服用阿司匹林。但如果我心脏病发作，我就需要一位专业的心脏病医师救治。如果我试着自我救治，那可能导致致命性的后果。本书是一本让你了解健康优秀男人的指南，但这个男人也是有人性的，是不完美的。这也在我们的行程范围之内，并且也是我们探讨所依据的基础。

第一部分

照料和喂养一个男人

我的外孙女艾薇丽今天收到了一箱虫子。

当时，我正在她们家帮女儿萨拉处理上午的家事。她的孩子们都在教堂参加暑期班课，因此萨拉和我一直在忙着家务，直到去接他们回家时为止。她去接孩子们，而我留在了车库里，门是打开着的。

联邦快递的货运车过来了，司机下了车，递给我一个包裹，是艾薇丽的。我把包裹放到房里，然后回车库继续忙活。

艾薇丽一回家就看到了包裹，她很高兴。她扯掉了包裹上的标签，并打开了包裹箱子，取出了包装的填充材料，又掏出了一个圆形的小盒子，打开了它。把盒子打开给我看的时候，她吓得瑟瑟发抖：里边是十几条很短的、不停蠕动的虫子。

艾薇丽有一个宠物，是一条长着胡须的，看起来凶相毕露、很冷酷的爬虫，她给它命名为莱亚（以著名的《星际战争》中的莱亚公主的名字命名）。她努力攒钱买下了它，并将它饲养在自己房间的一个玻璃容器里。容器里有莱亚睡的床，一个食物碗，还有供其攀爬的石头以及一盏发热的灯，以供它在石头上"晒太阳"。

里边甚至还有一张吊床。

莱亚真是一条幸福的长胡须的爬虫。为什么这么说呢？因为它的主人非常关心它。艾薇丽在买下它之前对它进行了深入的了解。她研究过这种爬虫吃什么食物，它们是怎样休息的，什么样的环境是最适合它们居住的。她经常给那个玻璃容器做基本的清洁，甚至用一根皮带带着莱亚在后院里散步。

我也很高兴！

我们成人甚至也花费大量的精力去研究我们的宠物，试图弄明白我们所能为它们做的一切。有了这些知识，我们就不抱怨它们不会说话，不会抱怨它们不能跟我们一起做运动。我们会发现它们的喜好，以及它们存活所需要的东西，并且竭尽所能来满足它们的需求。我们希望得到的东西是很实在的，得到了它，我们就会很高兴有它陪伴在身旁。

男人也是如此。女人会有特别的需求，男人的需求跟女人的不一样。如果这些需求得到了满足，他们就会变成本应该成为的样子。而如果他们的需求没有得到满足，他们就会一直赖在吊床上不起来。

我们开始阅读本书了，就来看看他们究竟有什么样的需求吧。我们会去探索男人头脑内部的情况，既要按当下的实验研究要求，也要从他自己的视角去观察。研究男人，并尽可能了解他们，会帮助女性同胞们将来与他们建立稳定的关系。

男人是逻辑动物 女人是情绪动物

第一章

男人和女人皆诞生于地球

///////////////////////////

　　这么多年来，我们夫妇俩买了很多需要自行安装的家具器件。我们通常是按如下的流程安装的。

- 打开包装箱
- 查看安装说明书（至少我妻子会查看）
- 把所有的零件都摆好
- 试图按安装说明书来操作安装
- 然后逐渐变得恼火
- 最后吃饼干平复心情

　　那些所谓的说明书的作者似乎没有见过那些零件真正的样子。他们规定的"循序渐进"的安装步骤看起来就像是"循序渐停"的步骤。我们总是认为，只要专心去做，我们就会做好的。但事实却并非如此。

你遇到的男人是否也是如此呢？你找到了一个你喜欢的男人，他从外表上看上去很讨人喜欢。但当你仔细查看他的内心时，是不会有说明书的。你会想，那没关系，他出现的时候已经经过组装了，你不用考虑该怎样将各种零件拼搭好。

但是，你缺少的不只是使用说明书。你还缺乏说明他是如何工作的说明书。你找不到他的"电源开关"。他总是随心所欲地活动，在你最意料不到的时刻突然"停机"。通常他看起来"运转正常"，并没有什么毛病，但你似乎就是没办法控制他——大部分情况下他还是能按你的要求办事。

不过也有一些出乎你意料之外的他不配合的情况。你认为他会帮忙做家务，但事实上，他却躺在沙发上，一边吃着奇多薯条，一边观看电视转播的足球赛。

你思忖着，我可不想要这样的男人，你原本期望他能成为你的生活伴侣、你的队友跟合作伙伴。但这时，你会认为这个人是不是组装错误了，而且还没办法进行修理。你打算把他重新塞进"包装箱"里，然后换另一个模型。

这时候，你发现"包装箱"上还有你之前忽略掉了的警示：

· 本品"很脆弱"（他需要自我意识来进行正常工作）
· "此端向上"（如果他累了，他就不会正常工作）

男人是逻辑动物 女人是情绪动物

· "本品不包括电池"（在最糟糕的时候他会停止工作）

那么，没有操作说明书的时候，你该怎么办呢？你最终还得自己写一份。

生活中在跟男人相处的时候，女人们总会遇到相似的状况。因此她们彼此交流，试图揣度出男人们的想法。但她们又不明白男人的思维方式，因此再怎么推测都是徒劳。她们按照女性的思维方式写出了供自己使用的男性"操作说明书"，记载的都是她们所熟悉的内容。

那样做很危险，因为那些男性的独特性可能会被当成需要解决的问题。我读过好几本主题为以下两个方面的书：一是弥补那些差异，二是消灭那些差异。

这两种方式都可能是不健康的，因为它们忽略了这样一个事实，即差异其实是让一段关系走向成熟的必要条件。我们还有第三种选择，这也是我们这次旅程所依据的基础：怎样接受这些差别。

我知道，你们很乐意继续干掉那些差别。但最好的探索和接受差异的方式就是开始在我们的相似之处上做文章。男人和女人之间的相同或相似之处比差别要多得多。如果我们能够利用这些相同之处，我们就会更加欣赏彼此间的差别。

只关心那些不同点会让你觉得自己找了个麻烦。你感觉这种情况不可能变得更好，你为此苦恼不堪。这时候，你就会觉得你应该好好照顾自己，自己满足自己的需求，因为你的丈夫对你并不感兴趣。你跟男人确定了关系，但你觉得自己仍然像是单身。

这也是为什么从相同点出发那么重要的缘由所在。关注我们的相同点让我们能够以中立的态度看待我们的关系。我们每一个人都有自己的底线。

但还是要说一句：我们的相同和相似之处都差不多，而我们的不同之处却是千差万别。

相同之处

我的儿子蒂姆结婚还不到一年时间。有一次我问他："你现在发现了婚姻中有什么是你之前没有意料到的？"

他回答："婚姻多有意思啊！但我也发现，我们究竟有多么不一样，这样真棒！"

我要求他做出解释。"大学的时候，"他说，"我约会的女孩都跟我差不多。我那时候觉得，这些相似的个性会让我们和睦相处。我们有相同的喜好和品味，甚至某些个性特征也都相同。我觉得，人如果要找灵魂伴侣，就该找与自己个性相同的。"

他继续道："但露西和我就像是两个极端。她所喜欢的跟我喜欢的完全不同，这也是我们相处时最有趣的地方。我永远不知道

男人是逻辑动物 女人是情绪动物

接下来会发生什么。她看待事物的方式跟我不同。当我认为我的观念正确的时候，她却会从一个完全不同的视角来剖析，让我重新考虑。我们协同合作的时候，比我们去争论谁对谁错的时候情况要好得多。"

过去的几个礼拜里，我一直在思索他做出的回答，我发现，他的观念是很明智的。我们大部分人都会被按自己的思维方式思考的人所吸引。这是很寻常的事，遇到这样的人也让我们过得很舒心。那些相同或相似之处让我们更容易与他人交流，并为我们跟他人建立关系奠定良好的基础。

然而，每个人都是特立独行的个体。那些通过相同或相似之处结交的情感，通常会因时过境迁所暴露出来的不同点而走向分裂。那些相同点让我们感觉到舒适，而那些不同点却令我们不快。我们总是认为对方改变了，而事实上，我们却一直眼睁睁地看着对方的独特性露出端倪。

无论是婚姻、事业，还是爱情、亲情和友情，所有的情感关系都是如此。我们都更喜欢待在令我们感觉舒适的地方，而避开那些令我们感到不快的地方。因此，在人群中，如果你是我的同类，我会马上辨认出你来，并且走到你身边。当你开始告诉我，你在冰箱里储存麻线或是你对白蚁感兴趣的时候，我就会觉得很恶心并转身离开（除非我也对这些感兴趣）。我们因相同之处而走到一起，也因不同之处而分道扬镳。

主场优势

在各种情感关系中，相同点为我们提供"主场优势"。因此，在了解男性和女性的不同点时，我们也应该花一点时间巩固我们的相同点。我们有哪些相同之处呢？我们都需要的究竟是什么呢？

· 感觉自己被人关爱——我们在对方心中都有一个位置

· 感觉自己受到尊重——对方会因我们的个性、成就和地位而尊重我们

· 感觉自己被人需要——对方生活中的空虚我们能够填补

· 感觉自己被人关心——别人自愿关心我们

· 感觉自己受到关注——我们会主动吸引对方的注意，而不是甘愿当隐形人

· 感觉自己被人看重——如果没有我们，别人会觉得遗憾

· 感觉自己重振精神——别人会在我们的生命中点亮一盏微弱的灯

· 感觉自己得到信任——别人会因我们的存在而有安全感，并且愿意与我们分享自己生活中的苦乐

· 感觉自己有人倾听——我们说话的时候，对方希望能够了解

我们的意图，而不只是简单地做出回应

·感觉自己受到鼓励——当我们没有勇气继续前行的时候，别人会激励我们

·感觉自己仍然有梦——做梦是很冒险也很有创造性的活动，我们需要的是那种不因为未来的疯狂念头而放弃我们的人

这张清单还可以列更多内容，但主旨是明确的。因为我们都是人，所以我们跟他人的相同之处要比不同之处多。

只要我们试图满足彼此的需要而不是关心我们的不同，那我们的关系会有多么牢靠啊！如果我们的意图是想利用这些相同点，那也就不需要本书了。要满足我们所有人共同的需求，我们就需要在不同点凸显出来的时候好好掌控它们。

受到别人信任、尊重、倾听和鼓励的时候，你感觉如何呢？如果你能按以上的清单满足男人的需要，关心男人，那你会得到怎样的结果呢？只要有心进入他人的生活，你就为健康而高效的关系奠定了基础。男性上司会成为你真正能与之沟通的朋友，而不是你需要讨好的对象。你的同伴和朋友会成为那种可以与你分享生活经历的人。你喜欢的男人跟你的儿子不一样，但你跟他们的共同之处也远超乎你的预料。

当你们因不同之处而产生矛盾时，这些矛盾会耗费你所有的精力。"男人们都是疯子，"你说，"我真的无法了解他们。"确

实如此，这真让人苦恼。如果你不马上处理这些情绪，你也会疯掉的。确实如此，不过也不要紧。

我们已经开始了探索之旅，是从我们的相同之处开始的。它们跟我们的不同之处一样真实，要让我们的关系健康成长，相同之处是很重要的因素。

开始的时候，我们需要掌握如下的原则：

1. 相同之处很棒，它们让我们感觉舒适，它们让我们团结一致。

2. 不同之处也很好，但它们可能会让我们觉得不快，它们可能让人们分道扬镳。

3. 我们不能忘了我们的相同之处，同样也要正视我们的不同之处，这样，我们的情感关系才能健康成长。

"安全区"的力量

翠西告诉乔恩，她跟一个朋友交谈的时候遇到了麻烦。乔恩听她说了一下，还问了她几个问题。几天之后，翠西再次提及此事，而乔恩却忘记了他们曾聊过这件事。

从翠西的角度而言，乔恩似乎并没有在意过她的感受，而且翠西认为他很麻木。但乔恩一点也不这样认为，他根本不知道翠西为

男人是逻辑动物 女人是情绪动物

什么会抱怨他。他明白，自己伤害了翠西，但不明白其中缘由，不知道该怎么做。

跟翠西和乔恩一样，我们都是戴着自己的"眼镜"来观察生活的。人一出生，我们就戴上了一副最适合我们的"眼镜"。我们无须向"眼镜"提问，因为只要戴上它们，我们就能看清楚所有东西。但如果我们认为别人戴的"眼镜"跟我们自己的是一样的，那我们跟别人交流的时候就会很麻烦。

让我们试着去理解别人所戴的"眼镜"，而不是去改变他们。我们都不希望别人"改变"我们。我们希望别人接受原本的自己，甚至包括我们的个性和癖好。我们觉得别人接受了我们，才会有安全感。我们一旦有了安全感，才会自己做出改变。

男人跟女人是不同的，但也不是完全不同。男女的相同点让我们的关系保持在安全区内，在这个范围内，我们都能够做真正的自己。

人们经常说，我们有必要"离开我们的安全区"。我们如果有目标需要追求，我们的生活希望得到进步，这句话就很适合。但在情感关系中，"安全区"非常重要。我们不可能总是追寻求索，"安全区"就是我们生活、休闲并重新部署战略的地方。在这里，我们可以为下一次的冒险行动补充能量做准备。嗯，这里是一个让我们舒适放松的地方。

我们可以用运动来打比方。我们举重的时候，肌肉就会感觉疲劳，但这种运动能让肌肉变得更强健。我们举过了之后，那些肌肉还要过一段时间才能恢复原状。肌肉就是在运动与休息的不间断更替的过程中强健的。其他的时间——"安全区"——就是让那些肌肉在将来再次运力做功而做准备，并让那些肌肉变得能够承受更重的重量。

在情感关系中，我们的相同点就给我们提供了那样一个舒适区。那个舒适区占据了我们情感关系中的一大片区域。当我们产生矛盾的时候，那些矛盾就会对舒适区产生挤压，把我们带到风口浪尖。了解那些差异导致的矛盾能让我们重新回归舒适区。但如果我们不能理解它们，那我们就会陷入困境。

我们离开舒适区的时间越久，就越没有安全感。这就像是有人锁好了那个舒适区的门，而我们恰好丢掉了钥匙。

我因公出差的时候，就不像在家里时那么悠闲自在了。我要预定航班，归还租借的车，奔波的时候还要找食物果腹，跟客户交流，一整天要在很多人面前演讲。预定近期的航班总让人觉得紧张，我乘坐的飞机抵达目的地机场的跑道时，我总会觉得疲惫。我快到家了，但还要开车回到家里去。抵达车库，就让我觉得我是经过了整日的烈日炙烤，终于抵达沙漠中的绿洲。我已经抵达我的舒适区。我将在这里为下一次旅程做准备。

男人是逻辑动物 女人是情绪动物

我们都有"缺陷"

我们忽略掉那些相同点，那就很容易将人与人分类（尤其是异性），并且还认为，嗯，他们就是那样的。然而，大多数时候，让我们有挫败感的并不是性别的差异，而是我们的过往赋予我们的"缺陷"。

那些"缺陷"包括我们处理闲暇时光的方式。有时候那些"缺陷"来自于我们成长的方式——我们受到过怎样的培养，我们有多少原则性，甚至我们的父母是怎样的人（因为父母们也有自己的"缺陷"）。有时候这与我们的生活经历相关，我们是否曾遭遇过困境，是否有过不知所措的时候。我们不喜欢这种感受，因此我们筑起了围墙或栅栏，以防再次受伤。

我们不能选择父母，也不能自行选择自己的社会角色、我们的出生地，以及别人带领我们走过的经历。我们都曾是孩子，并没有工具来帮我们做出成人的选择。在成长的时候，我们只能一点点地收集我们所需要的工具。

我们渐渐长大，拥有了成人才能使用的工具。有一些工具确实管用，而有的却已经不能用了，还有的已经遗失了。作为成人，我们仍然使用那些工具来经营生活。有时候那些工具确实很管用，比如成熟的沟通技巧。有时候，有的工具并不管用，我们就像是在试图与一个并不想倾听的人交流——老是断片。我们的工具并不总是管用，但我们没有别的办法可想。我们需要新的工具，却又不知道在哪里能找到它们。

那就是"缺陷"。这种材料就是指我们所不具有或不管用的工具——就是让我们无法有效掌控生活和情感关系的东西。

每个人都有缺陷。男人有缺陷，女人也有缺陷。

我们之所以从相同点开始说起，是因为那些相同点把我们联系到一起。然后，我们关注差异的时候，最重要的一点就是要确定它们的来源。你感觉因为男人而苦恼的时候，你就得确认这是由于他的男性特征而引起的，还是由他的缺陷而引起的。

如果是因为他是个男人而引起的，那情况就不会发生改变。那最好是要明白现实，并学着应对和处理。

如果是因为他的缺陷而引起的，那这种糟糕的状况就不会持续很久。也许这种缺点已经根深蒂固了，但我们必须对它的成因进行探索，只有这样，才能去改变他。

男人可以改掉自己的缺点，但不能改变自己的性别。

每个男人都不相同

我们不能将所有男人都概括为同一种类型，这一点确实如此。某人说"所有男人都是怎样怎样"，这种说法本身就是不对的。我们都知道男人和女人是不一样的，然而每个男人的不同之处都是独特的。有的男人可能很敏感，而有的男人则不敏感。有的男人会被美色吸引，而有的男人则看重内在美。

我性格内向，也更看重内在美。我不会马上做出决定，因为我首先会看清楚所有的选项。这听起来挺不错的，但是会造成拖延。

个性外向的人可能更加随性，他们可能不花费时间去思考所列出的选项就做出了行动。他们改掉了很多缺陷，然而他们的决定却并不总是能够善始善终。

男人和女人是不一样的，同理，每一个男人也是与众不同的。他们有很多相同点，但也有很多不同点。当你将所有的相同点和不同点都列在一起时，你会发现相同点更多，而不同点相比较而言非常少。弄清楚这些不同点很重要，但首先我们还是要大概了解一下相同点。

我们要探索的是男人跟女人有什么不同，而不是男人与男人的不同点。我们的策略是要了解所有男人的共同特征，然后再仔细去辨认每一个男人的不同之处。

为不同之处喝彩

我听过很多这种类型的说教，说男人就需要迎合或者被控制。要建立健康稳定的两性关系，这样做是很危险的。

如果男人需要迎合，那就是说女人要取悦男人。"男人都是这样的……"那些书里是这样说的，"你要改变自己，并迎合他们"这种说法就意味着男人总是正确的，需要做出改变的是女人，这对男人和女人而言都是无礼的。

如果男人要受到控制，那也就是说他们的独特性是无效的。这就让两性之间爆发了一场战争，女性需要在这场较量中展示出自己的实力来占据上风。这也就意味着，一方总是对的，而另一方总是错的，这对男性和女性而言也都是无礼的行为。

要建立健康的两性关系，唯一的选择就是要认识到那些差别是真实存在的，并且将它们视作良好关系的养料。这不只是接受那些差异，而且还要赞美那些差异。

没有比探索他人更吸引人的了。随着两个人逐渐成长，他们的独特性会让人一直心驰神往。问问那些一起走过数十年的老夫妻吧，他们会说，他们仍然能发现彼此身上的新特性。他们在生活中不是敌对的双方，而是幸福的伴侣。

第二章

他希望你明白的事

/ / / / / / / / / / / / / / / / / / / /

你的儿子来找你，说"我饿了"，你会怎么回应？

如果你跟大部分家长一样，你可能会做出如下的回答：

"你并不饿，一小时前你刚刚吃过了。"

"我们不会因任何缘由而停下脚步，要等回家以后你才能吃饭。"

"等到午饭时再吃吧。"

"你并不想吃冰淇淋，你只是看到了那个广告，所以想试试口味。"

"给你一点儿萝卜条，你需要健康饮食。"

作为父母，确保我们的孩子得到所需要的东西是我们的职责之一。我们已经从经验中得知"我饿了"这句话有很多不同的含义。因此，他们询问的时候，我们总是习惯于给出否定的回答。这是我们应对孩子不间断要求的方法。

这也是为什么父母很少对"我饿了"这句话做出"好的，你想吃什么"的回答的缘由。我们可能想要这么回答，但只是在我们认为他们的请求是合理的状况下才会这么说。

现在，你的丈夫到你身边，说"我饿了"，或者"我希望你陪我去看球赛""我想做爱""我今天只想待在家里"，那你会怎么回应？在那之前，你都在想什么？

也许他小的时候跟大多数孩子一样，要求有成千上万条，而绝大部分要求都遭到了母亲的拒绝。然而，现在你面前的他是个成年人，他也很看重自己的独立性和自主性。他认为能够自己做决定很重要，他一直都致力于让自己能够为自己做决定。这也是他骄傲的缘由。

若你总是质疑他要求的合理性，你可能是别有用意的。你对他的生活很感兴趣，希望他能做出正确的抉择。但你想想看，如果他知道你在推测他要求的意图，他会怎么想？

是的，他会觉得你就像是他的母亲一样。在大部分的成人情感关系中，这样可不好。

这并不意味着你就该机械地去按他的任何提议行事。毕竟，在内心里，他还是那个看到什么就想要什么的小孩子。但你选择如何应对要求，会决定他对你的回应态度。如果你不去探究他真正的意图就否认他要求的合理性，他会觉得自己就像是回到了童年。如果你希望他做出合理的回应，你就应该透过他的"眼镜"去看待问题。

你会怎么做呢？你会做出否定而不是回应——你要问他究竟是怎么想的而不是假装你明白他的想法。你不要说："你疯了吗？今天家里的家务事很多，我们不可能去看球赛！"试着用另一种方式沟通吧："什么球赛？什么时候开始？能跟你一起去看球赛真是太棒了。可是，我今天也有自己的打算，我也很想去做我想做的事。我们能不能好好商量，这样一举满足我们双方的愿望？"

第一种回应会让男人觉得自己遇到了障碍，有人告诉他，他不能做他想做的事。而第二种回应会让他觉得受到了尊重，并让他跟你一起进入解决问题的模式，这是他最擅长做的事。这让你们合作面对问题，而不是彼此对抗。

男人们还有什么别的想法？

上次，我听到一个男人抱怨说，他想做什么事的时候，他的妻子总是反对他，这让他深感苦恼。"看起来就像是要控制我的一举一动，"他抱怨着，"健康的夫妻关系不应该是这样的。她为什么不能跟我讨论问题，而总是来反对我的提议呢？我也不总是想要完全按自己的想法行事的，但她却总是反对我的想法，我感觉无论遇到什么事情，我都得跟她作斗争争取。"

过去一年中，我一直在研究这种问题，我也跟很多男性朋友探讨过这个话题。我通常问他们的一个问题是："当你认为你的妻子不了解你的想法时，你愿意跟她说吗？"通常，他们在做出回答之前总会叹一口气，好像是说："哎，如果她能够明白我真正的想法，那真是太棒了！"

所有的男人都希望，自己的某些想法妻子能够明白，也许也曾试着告诉她们，但由于种种原因没能成功。大部分情况下，他们认为自己的妻子并不愿意倾听男人的心声（或者他跟她说什么，她却表现得不屑一顾）。有的男人认为我这个问题特指婚姻关系，而更多的人则认为是恋爱关系。其实在任何关系中都普遍适用于男人，只不过有程度深浅而已。

再次申明一句，我们所谈论的是健康的男人，他们希望生活能步入正轨，他们希望与女伴保持健康良好的关系，但不知道该怎么做。还有些男人还不够成熟，不懂得珍视与女性的关系，或者是有什么心理或行为上的问题，这种类型的男人不在我们的讨论范围之内。

你可以得到男人

我记录了男性朋友们对我的问题的回答，发现男人们希望表达的有如下六个方面。

1. 男人是如何看待与女人的关系的

男人需要的是伴侣，而不是另一个母亲。

伴侣们要朝着共同的目标奋力合作。他们不关心谁对谁错的问题，而是关心该如何合作来达成某个目标。他们不期待对方喜欢自己喜欢的东西，他们将彼此视作一个完整的个体，而不是试图改变对方。

男人也许比女人更喜欢这样。他们处理问题的方式不同，却承诺一定会做到。他对你的心意都深藏在心里，却说不出口，并且希望你们的关系稳定。而在他的心里，他认为这是一个团队合作努力才能达到的目标。很多男人会这样说：

"如果你希望建立关系，只要你不设置条款，我什么都会答应你。我们需要一起努力。"

"我忠诚于你，并保护你免遭其他人的伤害。我不会在家人面前说你的不是，我也不会允许其他家庭成员说你的不是。我会一直维护你。也希望你能这样维护我们的关系。"

"不要不经询问就让我去做某事。先跟我谈谈，让我自己做决定。如果我没有选择权，那我会因此一直不开心。但如果我有了选择权，我可能会为了让你高兴而满足你。"

"家就是那个在辛苦一天之后，让我安然休息的地方。它应该是我最愿意去的地方，因为这里住的那个伴侣完全信赖我，而且无论在什么情况下都会爱我。"

2. 男人怎样看待他们的对外关系

男人希望你了解他想要跟其他人联系交流的需求，而且不希望你因为他接触别的女人而吃醋。我访问的几乎所有男人都说前一条是天生的需求，而后一条是完全没有根据的。

"我们的生活中总有需要跟其他人交流的时候，那并不意味着我不想跟你在一起。但我跟其他人在一起，是为了能让自己把最好的一面呈现给你。"

"我跟其他人在一起的时候，如果你需要我，我不会介意你打电话或者发信息给我。但不要因为怀疑或是想要知道我的行踪而这样做。我会好好照顾自己，我会回到你身边。"

"如果有人跟我调情，并且让你感到困扰，请你告诉我。那种调情可能让我感觉良好，但我是站在你这边的。如果你只是吃醋，而我并没有背叛你，这会让我感觉你不信任我。"

"要知道，我是站在你这边的，相信我不会欺骗你。我应该经常跟你说，我认为你很美、很聪明、很有魅力。在我眼里，其他女人根本无法与你相提并论。"

"你吃醋的时候，我感觉自己并没有得到你的尊重和信任。因为你知道，别人欺骗过你并不代表我也会欺骗你。这种信任的缺失会让我们的关系变得岌岌可危。"

3. 男人内心里是如何看待女人的

女人对男人的影响力甚至远超过她们自己的想象。尽管男人看起来像是因为上百万件麻烦事而心烦，但他们所做的每一件事几乎

男人是逻辑动物 女人是情绪动物

都是想要获得女人的关注。

"我希望你对我印象不错。我希望你高兴有我陪伴。我'好不好'要靠你对我的感觉而定。当我没有按你的期望做成某事的时候，请不要怀疑我。我努力去做了，而且是为了你才去做的。"

"我很在乎我们的感情，不过从小我受到的教育就是不要表露出自己的情感。对你的深情我一直埋在心底，没有跟你在一起的时候，一点点小事都会让我思念你。"

"你对我露出了微笑，我一整天都会感觉阳光明媚。这是真的。如果我不能让你笑，那这一天我会非常难受。"

"我是真心希望让你获得幸福。但你要告诉我，你定义的幸福是什么，我真的希望让你幸福。"

"我不会总想着做爱。性对我们而言很重要，但也并不像电视剧里所展示的那么夸张。我希望某一个时间段只关心一件事。性也是其中之一，我希望能够经常做，但那并不是我想要的唯一。"

"我们说话的时候，不要去思考我话背后的含义。我们没有那么复杂。如果我说我喜欢你今天的样子，那并不代表我不喜欢其他时候的你。你应当将这句话当成我对你的恭维，并对我表示感谢。"

"我对你的爱更多的是用行动来表达的，而不只是言语。关心一下我所做的小事，因为那才是我想要向你表达的爱意。我所做的大部分小事都是希望你生活更加如意。这才是我爱你的方式。"

4. 男人怎样看待女人的外貌

这个问题的答案很简单。女人通常对自己的外貌不太满意，但男人们任何时候都会觉得她们很好看。

"我真的认为，你比你自己认为的还要漂亮。"

"当我评价你很漂亮的时候，请你坦然接受这个评价。不要刻意贬低自己。我只是说了我心里最真实的想法，而你贬低自己就是在否认我的评价。那会让我有挫败感。"

"我不喜欢你化太浓的妆。我喜欢我们出门的时候打扮光鲜亮丽的你，但我也真心地喜欢在家里时不化妆的你。我爱的是真正的你，而不是戴着假面具的你。"

"你的态度决定了你的吸引力有多强。一个自信和幽默的女人，男人是很难抗拒的。"

"你总是担心乳房下垂、受伤会留下伤疤以及腰腹部的脂肪过多的问题。当你赤身裸体的时候，我并不关心你担心的那些方面。我关心的是其他的东西。有你在，我觉得很享受。"

"好好照顾自己。我希望你在家过得轻松自在，但你有时候也要为我努力打扮自己。这个打扮并不意味着要华丽的衣物和浓墨重彩的妆容，因为我希望你过得舒适，没有压力。如果你外出的时候打扮很精致，但在家里却总是灰头土脸的，我也仍然爱你——但是我会感觉我得到的是废料。"

5. 男人是怎样交流的

要建立稳定的关系，交流是很重要的因素。如果我们不透过彼此的"眼镜"看待问题，那么一旦没有考虑到对方与自己的不同之处，我们就会身陷苦恼之中。

"我不知道你想要什么。不要只给我提示——我听不懂它们的含义。直接告诉我你的需要——我是真心想知道这一点。"

"如果我保持沉默不开口，那也许是因为我在思考，也许是因为我觉得很烦，但我既不想说出可能伤害到你的话，更不想做出可能伤害到你的行为，否则，我也不会思考。"

"在争辩的时候，不要跟我提起过去的故事。把过去的事都留在过去，让我们好好想办法解决当前的问题。"

"如果我说错了什么话，那不意味着我内心里有什么想法，那只说明我说错了话。"

"对我来说，我们一起做点什么事的时候比单纯坐着聊天更让我觉得我们很亲密。"

"你的话对我产生的影响比你自以为的要大得多。如果你批评了我一句，那会让我难过很多天。请告诉我我很帅，我会一直保持你认为的帅的状态。"

"我不会总能读懂你脸上的表情。除非你亲口告诉我，不然我不知道你感觉受到了伤害。如果你想让我收拾碗筷，不要装出很累的样子让我去做，直接让我收拾就好了。我会因为帮到了你而觉得开心。但我不会主动去弄明白你的意思。"

"我不是你的女性朋友。你有自己的姐妹团。我只能为你提供我能够做到的。"

"我们交谈的时候，请留一点时间让我思考。在我做出回应之前，我也要思考一下你说的话。"

6. 男人需要什么

男人总抱怨说女人不知道男人的需要，因为他们的需要跟女人的需要不同。因此，女人一旦明白了男人的需要，就会明白，这些需要是天生而来的，这一点很重要。

"无论在哪个方面，我们都希望得到崇拜。因此当你觉得我有什么做得很棒的时候，请夸一夸我。"

"我希望你需要我。如果感觉不到你的需要，这会让我没有信心。只要一点点挑逗，我就会受到诱惑。"

"我很喜欢你把头靠在我肩上。"

"你能给予我的最好听的恭维话就是，跟我在一起，你觉得很有安全感。这话能够激起我的保护欲。"

"我没有安全感。我也总是需要得到肯定。"

"请让我感觉到你在鼓励我，那样我会觉得我无所不能。请让我有这种感觉，让我可以依赖你。"

"我希望能帮你。当你要求我为你做什么事的时候，我会感觉到责任感。"

"我希望我是你的英雄。如果你告诉我确实如此，我会为你做任何事。"

用沟通替代想象

本章的内容，一言以蔽之，那就是男人的思维跟女人不同。女人若想知道男人的想法，那就直接去问他吧。

多年来，我们夫妻俩对怎样表达自己的需要越来越擅长了。我们的方法不是生来就有的，也不尽完美，但我们的技巧越来越熟练了。

八年前，我们搬进现在住的房子里时，有很多地方需要改建。我们涂油漆，重新分房间，给屋顶做装饰，重新安装窗玻璃。我们为此忙碌了好几个月，然后才发觉，没有足够的钱来做所有的装修。

我们还需要重铺地毯，但我们在其他的各种活儿都忙完了才想起这一点来。客房地板还没有铺，因为我们本以为在铺设地毯的时候就可以把地板一并铺好。然而我们做得太过匆忙，还没来得及铺地毯。这真是糟糕透顶，但我们没钱的时候可不能乱花。

几周之前，我发现那地板还没有上漆，这让我们的房子看起来像是还没竣工一样，然而我们都已经习惯了。我们都没有想过这件事，但我敢肯定，我们的客人已经怀疑过为什么了。

上周，我有两天不用上班，因此我决定给地板上漆。要上过漆之后我们才能重铺地毯，但至少这个房间看上去已经布置好了。我擦干净了地板，用胶带固定好地毯，然后细心地拿来两罐油漆。房间都整理好了之后，看上去焕然一新。

要是在过去，我会等着黛安去查看，然后说几句好话。有时候她一连几天都没有发现，而我就会觉得她没有看到我的努力而感觉受伤。但现在我已经学会了一种更直接的方式。

她下班回来时，我说："现在有时间跟我去看看客房吗？嗯，我已经把地板漆好了。"

她则回答："哦，给我三分钟时间，我很快就会过去。"

三分钟后，她牵着我的手走进客房。她仔细地打量着房间，很夸张地说："噢！"几秒钟之后，她又惊呼道："啊！"然后她发自内心地赞赏道："这房间看起来焕然一新啊！这个房间很漂亮。你做得很棒！谢谢啦！"

这种表达就很直接，这真是太棒了。我感觉过去几天的劳动得到了她的认同和赞赏，为什么会这样呢？因为我直接告诉了她我需要什么。

最棒的是，我成为了她的"地板英雄"。

我盼望成为她的英雄。你的丈夫也是如此。

男人是逻辑动物 女人是情绪动物

第二部分

他 是 怎 么 想 的

我和妻子第一次去夏威夷时，我们都被那里的美景深深吸引。那段日子里，我们深深热爱着我们的生活、我们彼此以及我们身处的环境。这个大岛屿的景色就像是一副美丽的图画，一下就俘获了我们的心。

　　回家的感觉就像是过完了圣诞节一样，这时候你不得不把所有的装饰物都卸掉，回归正常的生活之中。那真是一次非同寻常的经历，我们不想那么快就抛之脑后。因此我们商量着要在院子里种上热带植物来重温那段美好时光。当我们感觉苦恼的时候，只要去院子里，就能重温那段美妙的时光。

　　我们无法把美景全部复制到院子里，只是买回了一株鸡蛋花。这种植物的花很特别，很香，我们做花环的时候总会用到它。它看上去就像是一根一英尺长的枯枝，我们决定把它种在地里，让它长大。

　　它确实长大了一点点。

接下来的几年里，它长壮实了一点，抽了几根枝，每年都能开六七朵花。只要靠得近，我们就能闻到花香，但不是满院的花香。在我们这种气候里，它的长势并不好——没有出现在夏威夷闻到的浓郁的花香。

后来，我们发现，我们没有用恰当的方式去栽培它，而是像培养其他植物一样，怎么能期待它花香满庭呢？如果我们事先了解了它的独特个性和需求，我们的期待也许就能成真了。

男人也是如此。他们的思维方式跟女人不同。如果男人的思维方式跟女人相同，那女人会对男人的表现非常失望。如果她希望他发挥出所有潜能，那她就应该了解男人的思维是怎样的。明白了这一点，她就能做出恰当的选择去帮助他，而他们的关系也会因此而得以巩固。

第三章

头脑构造

/////////

西方早期的电视剧中，我们很容易辨认好人和坏人，因为好人总是戴着白帽子，而坏人总是戴着黑帽子。

时过境迁，人们希望在电视剧中看到更多神秘的东西，不想一眼就辨认出好坏忠奸。因此制片人有时候会故意混淆两者的穿着打扮。因为他们戴着的帽子颜色不同，所以你以为你一眼就看明白了谁是好人谁是坏人。但是，随着剧情发展，你发现，那个戴白色帽子的人居然是个坏蛋，而戴黑色帽子的人却是将坏蛋绳之以法的正义使者。

如今，电影和电视情节变得更加错综复杂了。剧情开始的时候，我们看到了剧中的各种角色，并根据他们的外貌和言行去判断他们的个性好坏。这个人似乎很悠闲，为人真诚，举止打扮都很得体，看起来像是那种你想要约出来喝咖啡的人。而另一个人却神情严肃，总是以白眼视人，看上去就像个狡诈的骗子。你不希望在黑暗的小巷里遇到这种人。

然而，随着剧情的发展，你却发现，那个表面看起来温文尔雅的谦谦君子居然是个心怀阴谋诡计的小人。而你认为是坏蛋的那个家伙居然是能够让前者受到惩罚的正面角色。

我们都习惯于根据外表来评判他人。在最初相遇的几分钟时间里，我们就对遇到的那个人做出了评判，然后，当那个人的表现没有达到我们的预期时，我们就会深感惊讶。如果我们判断是好人的人最终却是个坏人，我们就会很沮丧，因为我们没有"看对"人。

我听某人说过，在交谈的前四分钟时间里，我们就对人产生了某种印象。一旦我们推测出对方是好人还是坏人，我们的印象就不会轻易改变。如果我们对某人印象不错，而他又做出了不光彩的行为，在证据不足的情况下，我们还是会认同他，不会认为他是个坏人。我们会认为，他是那么优秀的人，那一定是一次偶发事件。如果要推翻之前的好印象，我们就需要更多的证据来证明。如果前四分钟内我们对某人印象不好，而他们又做了好事，我们就会认为，那是侥幸成功的，他们是坏人，那跟他们的本性不相符。我们也需要很多他们表现"好"的事件来告诉我们，我们对他们的成见是错误的。

我认为前面的基本概念还是对的，但那个人却继续教导人们该怎样在那四分钟内表现自己，"如果你能装四分钟，那你就能把任何人都拉到你的阵营里。"我听到这句话并没有太过兴奋，但我从他的话里明白了一点：无论对错，我们对别人做出判断所花的时间确实很短。

给男人归类

要是好人总是戴白帽子，坏人总是戴黑帽子，那难道不好吗？但我们并不是活在西方的老电影里。我们上演的是现代剧目。你试图弄明白男人，但他们却总是达不到你的期望。

你遇到了梦想中的白马王子。他很专情，喜欢跟你在一起，他会倾听你的话，他给你打电话，你们相处的时候他总掌握着主动权。他跟你平常所听说的男人不一样。他很特别。他可能并不完美，但他似乎很平易近人。

他就戴着"白帽子"。

过了一段时间之后，你跟一位朋友产生了矛盾。你急于把这件事告诉他，因为他总是很乐于听你诉说。然而这一次情况却发生了转变，他看起来很心烦。你还没抱怨完，他就说："嗯，问题其实在这里……你应该这样做。"

这似乎跟你判断的他的个性不符，因为他一直戴着"白帽子"。但是你并没有想太多，你告诉自己，他只是太累了，这几天他过得也很不好。

他是怎么想的 第二部分

然而，这种类型的事发生得愈发频繁了。他不再像以前那样专心听你说话。他似乎更加关心自己的工作了，而不再那么关心你。他不再像以前那样努力追求你。如果他在看电视，那就根本都不会理你，他不再像以前那样关心你的情绪。你心烦意乱的时候，他甚至都没有察觉到，当你告诉他的时候，他还会觉得惊讶。

你发现，他戴的那顶"白帽子"上沾染了灰尘，出现了污点。你还认为，你以前听说的那种坏男人是真实存在的。也许你认为他是与众不同的这个想法是错误的。总而言之，他可能并不是你梦想中的白马王子。

而事实上，你所做的跟我们所有人做的都是一样的：都只凭第一印象评判他人。这是人的共性。如果我们的判断是积极正面的，那我们就会有安全感。如果我们的判断是消极负面的，我们就会尽力保护自己。这是本能的反应，我们都是这样的。

我们透过自己的"眼镜"去看待他人，并认为他人戴的"眼镜"跟我们是一样的，那就麻烦了。

我们假设一个女人发现男人在看电视转播的球赛（这只是举一个例子，不过这种例子很寻常）。她跟他说了些什么话，他却随便应付说："嗯嗯。"球赛结束之后，他根本想不起来两人说过些什么。而她却认为，如果她在看电视，有人跟她说话，那她会将视线转开，等到交谈结束了再继续看。这听起来很有道理，而且也显示出人的礼节。那就是她对这次事件的看法。这是她的思想，因此她认为男人也理当如此对待她。

因此，如果男人没有这样做，她就会认为他很无礼，不够体贴。那场球赛难道就那么重要？重要到可以忽略我？她这样想道，难道对他来说，我还没有一场球赛重要？

事实上，男人可能并不认为他这样是不在意她。对他来说，女人远比球赛重要。但他的思维方式跟她的是不一样的。他的思维方式是男人式的，而不是女人式的。他想，这场球赛真精彩。他们正要射门呢，一切就看接下来的赛况了。我知道她想要什么，球赛一结束我就会全心关注她。但这时正是比赛白热化时期呢！男人头脑的运转方式跟女人头脑的运转方式不一样。女人可以一瞬间关心很多事，而男人一时只能关注一件事。

这也是分类所导致的问题。我们是根据自己的"眼镜"所见的来判断事物，而不是透过别人的"眼镜"来判断。要准确地判断出他人的个性，女人应该明白，男人的"眼镜"跟女人的是不一样的。那并不意味着男人的"眼镜"是不管用的，只不过是跟女人用的不一样而已。

男人究竟在想什么

那么，男人究竟在想什么呢？透过他的"眼镜"，他都看到了什么？

男人和女人的头脑有生理上的不同，这也能帮助我们了解，为什么男女双方对同样的事做出的反应不同。先不要急着去深究医学解释，让我们先去他的头脑里探索一番吧。

你可能听说过，男人的头比女人的头要大。如果你确实听说过，那说这话的应该是男人吧。他想要你明白，他的头更大，那也就意味着他更聪明。这一点你不相信——你也确实不应该相信。

有很多实验研究证实，从整体而言，男人的头确实更大一些。然而，男人的躯体也比女人的躯体更大。因此，我们不能据此而判断男性就更聪明。

现在，我们来聊聊有意思的地方：男人的头脑中某些部位确实比其他部位更大一些，而女人的头脑中也有某些部位比其他部位更大一些。男人和女人都是用头脑中更大的那一部分去思考的，这会影响他们的抉择、态度和行为。

你可能听过人们把头脑说成"灰质"。那是因为在显微镜下观察，中枢神经部分看起来是灰色的。如果有人在沉思，我们就说："这是你动用你的脑灰质的时候啦。"

男性的灰质确实比女性的多，而且他们的灰质大约是女性灰质的六倍。这些灰质里面有很多我们称为神经元的组织，这就是大脑的运转中心。男人们的大部分思维活动都要依靠这种灰质。如果你想给你生命中的另一半留下深刻的印象，你就告诉他，你知道他头脑中的灰质比你多五倍。你猜，他会有什么反应？[1]

但你要告诉他的远不止如此。

大脑中还有一种我们称之为"白质"的东西。这里面就有神经元的传导组织——也就是将所有信息都组织起来，并将信号送到灰质中去的结构。女性头脑中的白质是男性头脑中白质的十倍。那也就意味着，女性的头脑结构更加复杂，她们的思维系统也比男性的思维系统运行更快。因为有白质的作用，她们头脑的各部分也更容易连接起来。[2]

以上内容意味着什么？

这意味着，男人和女人虽然思考的是同样的问题，或者要完成同样的任务，但他们达成目标所使用的头脑组织是不同的。

我们听到孩子的笑声，看到天边的落日，感觉到沙漠中下的雨，这些信息都会被传送到大脑中的边缘系统。这里也是我们情绪开始的地方，它们为大脑中名为杏仁体的控制中心所控制。（你不必记住这些名词。如果你是女人，你可能已经记住了。如果你是男人，你听过就会忘掉。）

这些头脑中的不同构造，决定了女人和男人处理这些信息和情绪的方式是不同的。

通常，男人并不太喜欢情感，反而对此觉得困扰。他们不知道该怎么处理情感。这也是为什么看电影的时候，他们更倾向于看动作片而不是爱情片。他们处理问题的时候，更倾向于使用他们头脑中的灰质，这是他们的本能反应，而动作电影正好能让他们运用灰质。

而女人则更喜欢讲述情感关系的影片，这种影片的故事性和情节性也更强。女人头脑中较大的一个组织叫"海马体"。它的作用就是在事情发生的时候记录人的情绪和情感。这就解释了为什么女人能够记住五年前发生的某件重要事情的特定细节，包括人物间的对话、周围的环境、当时人们的穿着打扮是怎样的，以及她对那件事情的看法。

如果男人能够记得那件事就真是太阳从西边出来了。当然，我的意思并不是他很健忘。我只是在说，他的思维方式跟你不一样。[3]

这是男人和女人之间最明显的生理差异之一。男人一次只能使用大脑的一个部分思考。这让他们能专心干一件事，但通常会忽略周围的其他事。

男人看电视的时候，他的头脑让他不关心周围发生的任何事。有研究表明，实际上，无论是看电视，还是盯着篝火数小时，男人的头脑状况都差不多，他们别的什么也不想。

而女人的头脑则联系得更加紧密。无论她们思考什么事情，她们的大脑中枢总会联系上别的神经枢纽。她们的心思是不休息的，她们休息的时候，大脑中枢仍然在工作着。这也是为什么她们睡着的时候能听到小孩子哭的缘由，而男人则可以一直沉睡不醒。

休息的时候，女人处理情绪和情感的大脑中枢仍然在控制着她们的心理活动。男人休息的时候，他的情绪中枢也休息了，但那个负责"战还是逃"的区域却没有休息。感觉到危险的时候，男人会先采取行动，然后才会思考，最后才会产生情绪。而女人则是先产生情绪，然后再思考，最后决定该采取什么行动。

正如我们之前所说的那样，并不是每一个人都会采取以上的思维方式。每一个人都是特立独行的存在，在每一段情感关系中也会展现出自己的个性特点。你和你的丈夫可能正好个性相反。通常情况下，面对同样的情况，男人可能更喜欢某一种做法，而女人更倾向于别的做法。

跟教养有关吗？

有些人可能认为，这些特性与人所受到的教养和身处的环境相关。父母对待男孩可能更苛刻一点，而对女孩更温柔一些。男孩子受到的教导是，某些情感和情绪让人显得没有男子汉气概，因此他们要学着隐藏这些情感和情绪。在成长过程中，男孩得到的条件跟女孩也不一样。

我们所受到的教养肯定是与之相关的。我们不能选择我们的出生地，不能选择我们的父母，以及我们生长的环境，也不能选择我们接受教育和爱的方式。我们有些人能得到掌控生活的工具，有些人不能得到，我们也不能确定会收到怎样的工具。因此，作为成人，我们曾经受到的教养肯定会影响我们的行为。

不过，我们也不能忽略那些生理上的不同，尤其是我们头脑运作的方式。争论男人和女人的说话方式是徒劳的，是争不出个所以然来的。大多数情况下，男人做出这样的行为只是因为他们的头脑做出的是这样的反应。

就以睾酮为例说明一下吧。这是一种男性专有的荷尔蒙，女性的睾酮数量很少。事实上，男性的睾酮量是女性的七倍多。还在子宫里的时候，男婴每隔八周就洗一次"睾酮浴"。这也是男性生理和心理特征形成的开端。

男孩长到六岁时，睾酮素的量开始显现出差异。听听他们的对话，他们一直在激励自己，打击别人。他们的特点就是具有攻击性和竞争性。在做对抗性运动和竞赛的时候，睾酮素水平高的人发挥就更出色，而睾酮素水平略低的人在团队合作时发挥的效力更出色。

我的女儿萨拉就很惊讶，自己五岁的小儿子马可跟他的两个姐姐有多么不同。"他完全是男孩作风，"她说，"从出生开始，他就一直是按男孩作风而行事的。女孩们玩的跟他玩的不一样。他更粗暴，体力更好，脾气更暴躁，他想要赢。他的兴趣爱好跟女孩完全不同。"

男人是逻辑动物 女人是情绪动物

这跟生活环境无关，而是他生来如此。睾酮素的作用看起来不容小觑。

男孩逐渐长成了男人，他们的头脑也随之发生了改变。年轻的时候，他们更加具有竞争性，随着他们的逐渐成熟，他们也变得更有合作性。年岁渐长，男性也更加关心自己的情感和社会生活了。

我就发现，随着我的年岁增大，我的兴趣也发生了改变。多年前，我一直在努力证明自己的实力，试图开拓一番事业。我也有朋友，但他们在我心中排不上首位。但现在，我就发现，朋友对我而言比以前重要得多。我仍然期待事业成功，想要成为行业精英。但我不需要变成功成名就的富翁，我现在更关心那些对我而言很重要的人，尤其是我的妻子、儿女和孙儿孙女。

我认识一些男性朋友，他们年轻的时候个性如钢铁一般强硬，然而，随着他们变得成熟起来，他们的个性也逐渐变得柔软了，更加有同情和怜悯之心了。他们仍然是男人，不过他们关心的事物和他们展示男性特质的方式都发生了改变。

利用不同之处

如果女人试图改变男人那种令她抓狂的个性特征，那她可就是自找麻烦了。正如罗伯特·海因莱因所说的那样："不要想教猪唱歌，这既浪费了你的时间，也惹恼了猪。"

男人的某些特征是源自他们的性别，而有些则是由他们的选择决定的。你需要明白这两者的不同，并且要用头脑分辨它们。

这需要三个步骤：

1. 确认他究竟做了什么让你生气。

2. 问问你自己，这是不是由他们的性别特征所导致的（例如他处理信息的方式）。如果是，不要试图改变它。试着接受这个现实，并决定该怎么处理问题。

3. 如果不是，那他的这个行为是一种特定的模式或者习惯吗（比如他躲避争吵的方式）？确定了这一点，你们才能进行协商。他不会因为你指出这样做有问题而改变自己的行为。他的改变需要你的感化和信任。男人在对自己而言很重要的情感关系中有安全感，他就会很乐意去改变那些让你感到不快的行为。

男人头脑中的弯弯绕绕都是真实的。事实上，这些弯弯绕绕确实能够让你们的关系变得更加紧密。他对体育和动作电影感兴趣并不意味着他对你和你们的感情不感兴趣。事实上，大部分的动作电影里，爱情关系是其中的一条主要线索。

昨天是复活节。牧师开始布道时提出了这样的要求："今天我们要说的是爱情故事。告诉你们身边的人，你最喜欢的爱情戏剧是哪一部。"

我明白，作为男人，我更喜欢动作片或者其他吸引人的片子。

我试图回忆起一部跟爱情有关的戏剧，我感觉应该是像《英雄本色》或者《卡萨布兰卡》这类的，或者是英雄抱得美人归这种主题的影片。但我必须诚实，因为我的妻子已经想好了："我一直都很喜欢《西雅图不眠夜》。也许不是全部，而是开始（这时汤姆·汉克斯饰演的主角正在深情诉说对亡妻的爱，并且提到了他们的儿子）以及结尾（这时汤姆·汉克斯饰演的男主角在帝国大厦顶端遇到了梅格·瑞恩饰演的女主角）。"

幸运的是，牧师还加了一句："男同胞们，如果你的回答是《泰坦尼克号》，那你仍然要留着你的'男士'标签，因为你只是单方面地想到了这一部影片而已。"

昨天也是我儿子的生日，因此晚上我们一起去看了他喜欢的电影《速度与激情7》。这部电影就跟男孩一样充满阳刚之气。你猜猜这部电影的剧情是怎样的？影片的主题就是一个男人想要成为心仪女人的英雄。

有意思的是，男人们喜欢看动作类和冒险类的影视剧，他们喜欢的角色是那种原本很粗枝大叶、很有男子气概，因为遇到了生命中的挚爱而变得柔情起来的男人。这是大部分影片的主题，也是大部分男人的奋斗目标：我希望成为你的英雄。

这种想法是与生俱来的，它深深地烙在了男人的头脑之中。

你了解男性也可以从这里开始——你需要了解他们头脑中的想法，还要明白他们为什么会这样想。

第四章

男人只是长高了的男孩

//////////////////////

"妈妈，看！爸爸，看！"

孩子还小的时候，他们的父母可能每天要听到一百次这样的话。任何时候孩子只要有了一点点进步，他们就希望父母能够看到，并且表示赞赏。他们学会了如何翻很难翻的筋斗，就说："妈妈，看！"他们第一次吹泡泡，就说："爸爸，看！"他们荡秋千荡得更高了，就会喊："妈妈——爸爸——看！"

他们总会叫你看，他们也希望你能加入他们的活动。"推我一下！"他们在秋千上说。外出的时候，他们说："跟我来！""给我读个故事吧……坐到我身边来……我能跟你们一起去吗？"他们在认识和了解生活，希望跟人分享生活的每一个片段。他们希望父母为他们而存在，跟他们在一起。他们希望父母能为自己的成功而庆祝，希望父母为他们的努力而开心，希望他们给予自己鼓励，希望跟父母分享欢乐。

他们渴望得到了解，渴望被爱，渴望得到尊重。

孩子们都长大了，而这些渴望却没有改变。尽管他们的需求看起来不同，但他们的内心世界却更加复杂了，他们仍然希望得到你的认可和赞赏。

他们对我们而言很重要，我们对他们也很重要。

那么，你的丈夫呢？也是如此。他希望得到你的理解，希望得到你的爱和尊重。在工作和生活中，他可能得到了很多其他人给予的奖赏，但这些对他来说都没有你给予的奖赏重要。

需求的来源

每一个人生来都需要得到重视，希望别人能够看重他。如果孩子是成长在健康有爱的环境之中，他们所听到的话就是这样的："我很高兴你在这里。你很重要，因为你就是你自己。"如果他们成长的环境缺乏关爱，他们就总会听到："你一点儿都不重要。"

男孩子小的时候，这些需要是很真实的。如果没有得到满足，他们就会一直持有要得到满足的念头。有时候他们所用的方式可能不对，但如果这种方式能够让他们得到满足，他们就不会改变那种方式。他们只希望自己的需要得到满足，不论方式是对还是错，总比需要得不到满足要好。

女人宁愿保留一段糟糕的爱情关系也是由于同样的心理。大家都看出来保持这段关系对她而言有害而无益，而且这段感情也摧毁了她的自尊。"你应该放下这段感情。"人们告诉她。但她却担心，如果放下了，她就找不到另一个需要她的人了。因此，她仍然留在那个伤害她的人身边，因为她害怕改变（或者说害怕另选一个人也不会更好）。

过去的经历，有的让男人感觉到了自己的价值，也有的让他感觉不值。无论哪种情况，都是他真实的感受。他只知道这一点，并且很小的时候，这一点就已经记在了他心间。他一生都在努力寻找自己的价值。

杰里就是这样一个男孩。他的父亲不知道该怎样跟他建立真正的父子关系，因此他们的联系就主要是交流关于运动的话题，他上学的时候，父亲指导球队练习。他们记住了他们最喜欢的球队的球员信息，并且一起去看球赛。在家里的时候，他们的对话内容主要是关于今天所看到的信息，而且交谈的时候他们总会观看体育频道的赛事和报道。

现在长大了，杰里希望与父亲建立更亲密的关系。但他的父亲不知道该怎么做。他们会谈论各种体育赛事，但杰里希望父亲能够询问他妻儿的状况，关心他的其他爱好。他希望父亲重视自己。他试图靠近父亲，送礼物给父亲，陪父亲一起看球赛。他希望父亲告诉他，他以他这个儿子为骄傲。但无论杰里做什么，他父亲的态度却一点也没变。

这种故事并不少见。成年男性有些基本的需求是小时候就有的。如果成长的过程中，父母没有满足这些需要，他们就会在成年后的生活中继续表达这种需要。通常，儿子希望得到的肯定还没得到，父母就已经过世了，而这也将影响他一生的抉择。

了解孩子

从心智方面而言，男人是很简单的动物。你只要留意一下男孩的心思，就能明白他长大后会想要什么。随着他逐渐长大，他的心思和个性变得更加复杂了，但最基本的需要却仍然没变。

我听说，孩子六岁的时候你就能发现他的基本个性，并能据此判断他成人之后的行为究竟是好是坏。（如果你有一个六岁的孩子，看到这里你可能就要抓狂了。）他们到六岁的时候，就能判断出别人对他们的看法，并确定自己有多么重要，还为自己闯生活准备了基本的工具。他们已经确定了能不能相信其他人，能感觉到他们遇到的是不是好人，并且观察成人做出的对他们生活有利的行为。他们决定了自己的个性特征，并做出了该怎样行事的决定。

如果这一点是真的，那也许我们能从成人身上看到他小时候的样子。认真了解一位成年男士——了解他的性格、脾气，熟悉他跟别人交流的方式，弄清楚他在人际关系中付出的信任度——你也许就能知道他六岁的时候究竟是什么样子。事实上，你跟那些熟悉他小时候的长辈们聊起来的时候也会感觉很有趣。这是一个很棒的机会，让你去了解你丈夫或男友孩童时候的事情。

我有三个孙子、孙女，现在分别是五岁、八岁和十一岁。认真了解他们，看着他们成长真是让人陶醉。我不知道他们以后会变成什么样，但我总是想象他们将来的样子，想象着他们长大以后仍然有现在的脾气个性。我猜，随着他们逐渐长大成熟，我仍然能够发现他们孩童时代的特征。

从某种程度上而言，男人只不过是长高了的男孩。这并不意味着改变是无望的。如果他们自己希望改变，而且得到了身边人的支持，那任何男人都能做出改变。但这是一个艰难的过程，而且我们并不能确定改变一定能成功。我们改变自己都很难，对其他人来说，要改变自己也是一样困难。

了解你的男人最好的方式就是去了解他内心里的那个小男孩。他的基本需要就在小男孩那里，而且他仍然希望自己的需要能够得到满足。你如果认为他的行为看起来很不合理，而他的态度让你难以理解，那可能是他的需要没有得到满足的表现。

为什么男人不做出改变

我妻子的父母住在加利福尼亚州的贝克尔斯菲市，他们在市郊的山里建了一栋房子，从我们家去那边要一个半小时的车程。抵达那里要经过一道巨大的、蜿蜒的峡谷。流经峡谷的克恩河底部有很多房子一般大的巨石，因此河水湍急。人们要在这里游泳或做急流漂流太过危险，但仍然有人乐于尝试。事实上，峡谷的入口处有很多不同的警示，上面的数字经常更新，"351人在此河丧命"这类的警示就是希望人们对这里保持距离。每一年，我们发现数字都会有所增加。让它变得危险的因素恰好也是它的特色所在。

数万年前，那条河不过是一条涓涓的小溪。随着时光的流逝，这条溪流在地面上划出了一道凹槽，凹陷下去的地方成了溪流的水道，然后小溪逐渐变成了河流，河流又冲出了峡谷。河流仍然是那条河流，但时光荏苒，河水对地面的侵蚀也在逐渐加深。

听起来跟你丈夫或男朋友差不多？他看起来很迷人、很有魅力，但在你们的相处过程中，你感觉像是遇到了激流。河流能够冲出深深的峡谷，同理，他孩童时代的抉择成就了他的现在。他成年时的行为并不是第一次做了，他很久之前就是按这样的行为方式行事的，这已经变成了他个性的一部分。每次男人重复某种行为的时候，这种行为就更加巩固了他的习惯。当你跟男人开始一段关系的时候，你所经历的都是他在过去所形成的习惯。随着他逐渐成熟，他的这些习惯也得到了巩固。

他所形成的不只是行为习惯，这些习惯也就是他行事的方式。多年以来，这些已经成为他探索生活的方式。这些方式是如何形成的呢？有两种基本来源，第一个影响因素是环境，第二个影响因素是基因。

环境是一个很重要的影响因素。例如，一个男孩希望愿望得到满足，想要了解生活的时候，都是向父母求助。父母的存在和离开会影响孩子的信仰、态度和对生活的抉择。这决定了当河流还是小溪的时候那条最初的河道的样子。一旦河道开始形成，那条河就会一直在这条河道里流淌。

在人成长的过程中，兄弟姐妹、其他家庭成员、邻居和朋友也是成长环境的一部分。在与以上的人打交道时，男孩没有意识到自己在观察他们，但他通过观察他们如何掌控生活而了解了生活的规则。让男孩成长为男人，不需要什么正式的培训课程或者突发事件。

他想知道自己该怎样生活，因此找了一个模型范例去观察并模仿。如果他的父母没有给他树立好榜样，他就会去观察体育明星、成功人士，或者就是掌握了生活技巧的年纪稍长一些的男孩。有时候，为了找到成就感和价值，他甚至会参与风险很高的活动，不然他就会改变自己的喜好，忽略那一种需求。

根据自己在早年环境中所学到的知识，男人就能做出改变，但这不是一个简单的过程——比让河流改道还要艰难。让河流改道，我们只要站在峡谷顶端，挖一条新的河道就行了，但要让河流流进新的河道会很麻烦。同理，让你试图理解你的男人为什么会变成如今的样子，比让他做出改变要容易得多。

第二个影响因素是基因。那种决定了男性之所以成为男性的荷尔蒙也是最主要的基因之一。他与生俱来独特的个性让他变得更具男子汉气概，试图改变这些就相当于把橡树变成橘子树。

纵向情感关系

之前说到男人头脑的生理构造时，我们了解到，女人头脑中的结缔组织比男人的要多。男人头脑中的"灰质"更多，因此，他们更倾向于单独思索，而女人则更倾向于将所有的思想联合起来。

在情感关系中，女人的思维是水平状的。跟他人说话也是一种交流，她们关心的重点是不同的人的不同情感故事。观察一群玩耍的小女孩，她们玩的通常是"过家家"或者"当老师"，这样，每个人在故事中都有一个角色。一个小女孩当妈妈或者老师，并给其他人安排角色，给故事设定情节。剧中的对话主要集中于集体行动，确保每个人都参与其中，乐在其中。

然而，男人却是纵向看待关系的。让一个男人处在一群人之中，他会暗自揣测自己在这个群体中处于什么样的地位。观察一群玩耍的小男孩，他们的游戏都是比赛，都在说"我会做得更好"，都在争当领导者。他们不断地争夺地位，比较各自的能力、才智或地位。他们自己并没有多么丰富的经历，因此他们选择的比较对象通常是自己的亲人。他们会吹牛说："我爸爸能打赢你爸爸。"

　　这种竞争对比的精神并不是个性上的缺陷，他的思想就是这样的。他想要获得成就感，或者希望能在生活的各方面都占据有利位置，就会这样做。这也让他集中精力和能量去赢得他最爱的女人的芳心。

　　男人总想当第一，也正因如此，他们做事的时候不会寻求帮助。他们不要求得到提示，因为这会让他们觉得，他们找不到自己的位置。（当然，现代科技能让他们在没有他人参与的情况下得到提示。）

　　我的朋友艾尔是一个熟练的伐木工。他家距我家仅约半英里路程，你能想象得到的装修工具他这儿都有。"你需要工具的时候，不要出门去买，"他曾经告诉我，"如果你需要，我很可能就有。你只要过来借就好。"

　　他说这句话的时候，我妻子正好也在场，她就记住了这句话。那之后的几个月，我正在给家里做装修，正好缺少一种工具。我认为，最好的解决办法就是出去买，这样以后再有需要我就可以直接使用。

　　而黛安则问道："艾尔那里不是有这种工具吗？你为什么不去他那儿借呢？"我心里知道她说的没错，不过听她这么说，我很生

男人是逻辑动物 女人是情绪动物

气。我没有足够的理由拒绝找艾尔帮忙。但如果我不去买工具，我以后还是会需要它——这就意味着我还得找艾尔帮忙。

需要的时候，我去过他的车库一两次，我们一起动手合作，既用了他的工具，也用了我的经验。我们的合作很成功。但我再次需要的时候，我就会自己另想办法解决。有时候，我既为我不愿寻求帮助感到自豪，也为此而感到羞愧。我的妻子不明白，为什么我需要帮助的时候不寻求帮助。毕竟，寻求帮助也能解决问题，不是吗？

不过，这是因为她是通过她的"水平视镜"来看待我的"纵向视镜"的。

我并不是不会向人寻求帮助。我们需要了解的是男人的"纵向视角"。我会去寻求帮助，不过这不是我的第一个选项。我的基本需要就是跟自己比赛，这也是我为什么不向人求助的理由。

这种思想很陈腐，却是真实的：这是"男人的事情"。

获胜的推动力

我刚开始钻研男人思想中的竞争精神的时候，我认为自己并没有这种精神倾向。在学校里，我没有参与过体育竞赛，我开始关注比赛也是因为我的孩子们。我的女婿喜欢冰上曲棍球，并且有我们当地全国曲棍球联合会球队的季票，因此他们一家都迷上了这种运动。就连他最小的儿子，五岁的马可也会跟我坐在沙发上观看曲棍球赛，并绘声绘色地告诉我球员和赛况级别这类的情况。

因此，我认为，我自己并不是那种很有好胜心的人。我一点儿也不好胜，我告诉自己。但经过仔细思考，我发现在其他方面我也是很好胜的。这种心理很微妙，但也很真实。

当我在路上遇到堵车的时候，我总是查看其他车道的情况，看是否能超车到前面去。当我落在其他车后面时，我就感觉心烦意乱，而在领先其他车的时候不会有这种感觉。

工作中，我们有一项评估标准是按客户满意度来计算的。我在这一方面的成绩取得过几次第一名。但这一年，我的成绩滑到了第二。那个获得第一的人是我很好的朋友，而且这也是他应得的荣耀。但我下定决心下一年一定要拿到第一。

我的书在亚马逊网上销量很好的时候，我感觉很自豪。而销量落后的时候，我就很沮丧。我结识了一些作家朋友，我暗自发誓不要去查看他们的书销量如何。因为我和他们的书的销量排名会影响我对自己和他们的看法，这会让我丧失理智。

我发现自己并不是个例。男人潜意识里总会去关心他们在各种关系中是否能在对方心里占据一个重要位置，就像他们总是研究他们最喜欢的球队的排名情况一样。情感关系很重要，但在男人心里，这些情感关系的重要性远不及社会地位和职位的高低状况。

男人是逻辑动物 女人是情绪动物

开导野兽

这种纵向的视角也解释了我们之前探讨过的一个问题——男人为什么更喜欢动作片而不喜欢情感剧。动作片的主题是关于一个试图努力控制他人或者某种局面的人。而情感剧的主题则是情感，这正适合大部分女人的口味。这并不意味着男人不关心情感，只不过他们看待情感的方式不一样。如果我妻子和我一起选择想要观看的影片，她第一个选择的通常都不是我最想选的。然而，一旦情感剧开始了，我也会跟着她看，但付出的热忱度比不上看动作片。

如果女人愿意花时间跟她的丈夫或男友去看一场动作电影，她可能就会发现，其中总有某种类型的爱情故事俘获了男人的注意力。为什么男主角要花那么长时间去走向巅峰呢？只不过是为了俘获他心仪之人的芳心。

因此这不是一个二选一的选择题。女人越明白男人的思维方式，就越容易理解他为什么会做出那些抉择。他这么做不是因为性格古怪，而是因为他是个男人。

他还是个小男孩的时候就是这样了，这一点从未改变过，只不过现在他长高了。

第五章

承担使命的男人

///////////////

    2009年1月15日，美国航空公司1549号航班撞到了一群鸟，最终迫降到哈德逊河上。在一般民众看来，这是一次非凡的事件——堪称奇迹。一般认为，商业航班只能降落在机场的跑道上，而不能降落在河里。然而这一次，情况却不一样。每一个乘客都安全存活了，这多亏了飞行员高超的技巧。

    那次事件之前，切斯利·萨利·沙林博格只是飞机的机长。而这次事件之后，他获得了一个新的头衔：英雄。这不是他追求得到的荣誉，在媒体面前，他表现得云淡风轻的样子。他经常说："我只是在尽我的职责。我受过这方面的训练。"这种谦逊的态度给他的新头衔加上了一个形容词：谦虚。

    他获得这个封号是当之无愧的。他冷静求助，因此救下了机上155人的生命。全世界都在关注他，尊敬他，感激他。媒体为那些渴求真正的英雄的人们提供了一个新的模型。

但是世界各地的男人们心里还有一种情绪。他们都很感激"萨利机长"做出的举动，并以此深感骄傲。他们都因机长在重压之下的冷静表现和高瞻远瞩而感到惊讶。他们为这一成功的壮举所打动。然而在内心里，他们还有另一种想法：真希望是我救了那架飞机。

这可能只是潜意识里的心理活动，不过却是真实存在的。每一个男人内心里都有这种渴望——渴望一鸣惊人。这种心理活动不是靠学习得来的，而是一种普遍的性格。男人都希望自己能够冲破重重阻碍，做出正确的抉择，临危不惧，勇往直前。他们总想要拯救世界。

这也是男人钟情于动作电影的另一个理由。我们最喜欢的剧情是，人们受到了压迫，而且似乎并没有希望改善他们的状况。然后，在这群人中出现了一个英雄。他通常是一个再寻常不过的家伙，他有激情，有坚定的信仰，并且也对周遭环境的不公感到很不满。他试图给人们提供出路，但所有人都不赞成他的看法。

最终，他意识到，如果想要做出改变，他应该从无所事事的状况中走出来，做个表率。他经历重重险阻，依靠自己的力量和智慧带领人们走出困境，赢得胜利。

他掌控着一切，获得了胜利，开创了新的纪元。最后，他赢得了所有人的尊重。他变成了英雄。男人们观看这种影片的时候，就能够间接地感受到那些主角的感受。他们说："我也想成为那种人。"

男人希望能掌控一切。当有危险的时候，他们就希望能够解决。如果出现了很难克服的局面，他们总希望能想办法克服。有人喊"不可能"的时候，他们会想，是吗，那就看我的吧！

我的丈夫（男友）并不是这样的！

看到这里，你也许在想，我真不知道该不该相信你的话。我认识的男人都没有试着改变世界。他们有的在忙着玩电子游戏，一玩就好几个小时不停歇，有的则在看体育比赛，有的在修车。我没看出他们有什么掌控欲。

事实上，他们也有。看看他在玩的电子游戏吧，游戏的内容通常是一个刚毅的角色正跟一大群鬼怪开战。他在看比赛？无论是足球还是飞盘，他都希望自己是获胜方的一员。修理汽车就等于是在解决让他困扰的问题，他不解决问题不甘休。解决了问题之后，他所感受到的满足感远超过你的想象。

这里有一点需要注意：男人们希望创造非凡的成就。他们看过很多次像萨利机长那样的事件。他们看到有人带着其他人从着火的房屋中逃生，有人冲进某个事故现场救出了被困在其中的人，有人则在一次银行抢劫案发生时夺下了劫匪的武器。他们都想成为这样的英雄。

但是，这里还有一个问题。在大部分事故中，没有人计划要成为万人景仰的英雄，但事实就那样发生了。萨利机长那天醒来的时候并没有说："我猜，今天我的飞机会掉落一个引擎，我会在某条河上迫降，救下机上的所有人。"没有人知道那栋房屋会着火，它就那样自然发生了，正好英雄就在附近，并且马上做出了救人的反应。那场事故发生了，有人需要帮助，而英雄恰巧就在后面那辆车里。没有人希望遇到银行抢劫案，但有人在事发时做出了某种选择，这让他们成为英雄。

通常情况下，他们都只是顺便成了英雄。

绝大部分男人都认为，倘若自己遇到了那些突发事件，他们也会做出英雄般的抉择。至少，他们希望自己会那样做。但他们也知道，这样的事件发生的概率微乎其微。尽管渴望成为英雄，但他们没有这样的机会。

那么，他们会怎么做？他们会找寻更加不起眼、更加可预见的事件，让自己变成掌控局面的人。可能是电子游戏，可能是一个坏掉的水龙头，也可能是他们一直想要与之合作的客户，也可能是一次高尔夫球赛，一段很难通行的路，或者是一块需要烤熟的肉排。这些事件可能是生活中需要解决的任何问题。一旦他们找到了解决方案，他们就成为并不起眼的英雄，而他们也因此得到了满足感。

英雄是怎样长成的

凯文·莱曼的作品《出生顺序》[1]记载的是出生次序不同的孩子的个性差异。他让父母们清楚地了解了为什么他们的第一个孩子总是秩序井然，而后面生的孩子总是一团混乱。

这也是由性别差异导致的。我们之前提到过，小女孩是怎样一起玩的，她们交谈的内容都是关于情感关系的。她们关心的是整个团队里发生的事，关心的是人们之间的关系。你会听到那些公主王妃们和名人名家的故事。如果有矛盾冲突，她们谈论的都是情感态度以及关系中出现的问题。

小男孩们的好胜心让他们的表现与女孩不同。看他们玩耍，他们并不总是说话，也不分享他们内心所关心的事。他们总是在抱怨，模仿凶残的野兽叫声或是开车时的轰鸣声。他们"交谈的内容"都是关于谁的车更大，谁的野兽更强。他们没有轮流扮演同一个角色，都想把彼此的赛车挤出赛道。

我的大孙女艾薇丽8岁的时候，加入了一个垒球队。我们总是想方设法去看她比赛，我们也很喜欢看她打垒球。她们的教练是自己球队最忠诚的粉丝，这让整个球队都更加努力。

比赛的时候，她们这支球队的队员都很关心比赛。但一旦开始训练，她们就开始交谈。小女孩们三五成群，都不再关心比赛，因为她们都在忙着谈论小女孩才会谈论的话题。她们的交谈非常愉快，她们都很关心彼此。教练让某个队员出来训练击球的时候，其他队员会来帮她找头盔和球棒。

有一天，艾薇丽她们球队选的场地旁边还有男孩球队的比赛。比赛间隙的时候，我走了过去看看男孩们那边的情况，那边跟女孩们这边的状况完全不同。

男孩们并没有站在休息区里三三两两地聊天。他们只是坐在长椅上，一边观看比赛，一边等待自己上场的时机。他们也不怎么说话交流。他们大部分人都在吐痰，不上场比赛的时候，就忙着比赛吐痰，看谁吐得最远。

也许女孩们也会有这样的比赛吧，但我从未见过一群女孩比赛吐痰。

如果我让外孙女们展露一下她们的肌肉，她们会直接做给我看。如果我要求外孙子马可展露一下肌肉，他很快也会要求我这样做，以比较一下谁的肌肉更多更强壮。而且，我也不知道为什么，他总能站在他的视角，跟我解释为什么他的肌肉块头比我大。

男孩们总希望自己是最优秀的，他们就要想办法去做到，于是他们就会找寻榜样去模仿。如果他们没有父亲（或者父亲是个坏人），他们就会从影视剧或体育赛场上找榜样——甚至是将同龄人做榜样。十几岁的时候，他们仍然会把他们所观察到的人物模范来当作榜样模仿。

这也是为什么青少年时代的男孩们总是无礼傲慢的缘由。因为他们看待与别人的关系用的是"纵向视镜"，在大部分人际关系中，他们都认为自己是领导者的角色。只要辨明了自己与他人的地位差异，他们就能明白自己的角色。这不是因为他们傲慢，而是因为他们不懂得该如何用合适的方式表达自己的好胜心。

未来的某一天，马可也会成为一个男人。如果他三十多岁的时候还跟朋友们举行吐痰的比赛，我一点也不会奇怪。同样的，如果他跟自己五岁的儿子进行同样的比赛，这也不会让我觉得惊讶。

好吧，我承认，如果我九十岁的时候，他还要跟我比赛谁吐得更远，我会尽全力战胜他。

男人最大的恐惧

女人们总认为，坚强的男人是没有恐惧感的。事实上也确实如此。如果某人是一个坚强的英雄，那就意味着他不害怕任何事。但他之所以取得成功，也是由于内心深处的恐惧感。他害怕的是失败——害怕不能够一鸣惊人。

这种恐惧感是与生俱来的。在影视作品中，英雄也是有弱点的。这些弱点让他变得更真实，让我们觉得他很贴近我们的生活。

他仍然是一个想要得到什么的小男孩。

在现实生活中，男人们通常没有机会成为晚间新闻重点关注的英雄人物。但是他们的好胜心仍然在。因此，他们会按如下两种方式中的一种行事：

1. 他们会很抗拒，并称他们无力改变什么。因此他们要么逃避，试图不理会自己的好胜心，要么就恼恨。

2. 他们会很积极主动，决心要在日常生活中表现出不一样的自己。

第一种人可能一直情绪低落，因为他们感觉自己什么也做不成。如果房屋没有着火，他们就不能去救人于苦难之中。因此他们完全放弃了这个念头，并以无聊的娱乐和活动打发时间，以抚平愿望无法实现的痛苦，并忽略在那平静表面下暗涌的好胜心。那种心思仍然还在，不过被他们遮掩住了。

第二种人则意识到了自己所面对的现实生活原本的模样。他们也想一鸣惊人，不过他们并没有等待机会上门。他们凭借自己的这种心理去寻找机会影响他人。

这就是自傲与给予的差别。第一种人的心声是："看看我！看看我能做什么！"只有没有学会怎样利用这种心理去让自己变成英雄的小男孩才会这样想。他们想的都是别人会怎么看待他们。而第二种人却总想着控制局面，这样他们才能去帮助需要的人。他们想的都是让别人的生活得到改观。

真正的英雄为他人做的，他们都不会为自己做。大部分男人都希望能影响他人的生活，而不是变得功成名就。在大众的眼里，他们并不是那种领袖型的人物，但他们仍然希望自己能够逐渐影响到其他人。

　　这是什么意思？

　　无论是在工作中还是在家里，无论是与家人还是朋友相处，男人都希望成为举足轻重的角色。他希望成为那些对他而言很重要的人的英雄。

　　这些人也包括你——而且你比其他任何人都更重要。

为什么对他而言，你那么重要

　　动作影片的男主角会为了心爱的女人放弃一切。你的丈夫可能在工作和社交场合是个佼佼者。但如果他感觉自己不是你的英雄，那其他的一切对他而言都不重要了。

　　多年来，我和妻子在我们的教堂里帮助过很多刚结婚不久的年轻夫妻。他们每周日上午过来做礼拜的时候，或者我们每周去拜访他们，就会对他们进行一对一的指导。

　　通常，周日礼拜的时候，我会教导他们夫妻相处之道，这真的很棒。有时候，我感觉自己说得不错，我的思想在不停地涌动，我的观点也得到了他们的接受和认可。有的时候我却觉得完全是在消磨时间，因为我也不明白自己在说什么。

跟大部分男人一样，每一次讲授完我都会无情地批评自己。当天剩下的时间里，我都会质问自己，是否满足了大家的需要。如果我自己很满意，而听众们也反馈说我的话对他们的生活很有帮助，我的心情就很好。如果我的讲授内容是东拼西凑的，而听众们也没有给我反馈，我的心情就会很糟。

我没有去问过来听讲的人对我准备内容的看法。我认为，如果他们觉得好，就会夸我几句的。如果没有人说什么，我就会认为这一次不行。

无论其他人说什么，我最在乎的是我妻子的看法。她的观点比其他人的观点都要重要。如果她说我讲的内容很棒，那我的需要就得到了满足，就算她说我讲的内容不够紧凑也没有关系。我只是希望她相信我，并站在我这边。

开车回家的时候，我会等着黛安对我今天所说的内容作出评价。偶尔她会说："今天说的很棒。"这时候，我就像是攀上了世界巅峰。

大部分时候她什么也不会说。我也不想问，因为这样做就好像我是在等着她表扬我。我认为，如果她认为我表现不错，她就会告诉我。因此我把她的沉默当作是对我的否定。通常，我都认为我说的并不那么精彩，我会把这次的讲授放在一边，并发誓下次一定要做得更好。

最后，我告诉了她，她不做评价的时候我的感受，她感觉很震惊。"我以为你感觉不错，所以我什么都不用说。当我跟你说很棒的时候，通常是因为我感觉有些话你只是说给我听的。"

自那之后，我们都学会了交流的时候要更加坦率诚恳。但我也发现，她的意见对我而言比其他人的意见更为重要。听到别人对自己的积极评价，我会感觉很受用，但得到她的肯定对我而言意味着一切。因为她其实是在说我很棒，她是在表达我是她的英雄。

男人就是希望获得成功、希望一鸣惊人的小男孩。但更重要的是，他们希望知道他们对你们而言是与众不同的。

他会成为英雄吗？

你们要明白以下几点：

· 男人内心里都渴望成为英雄。

· 大部分男人都没有机会成为拯救世界的名人。

· 他们自己也明白这一点，不过他们的这种心理却不会消失。

于是，他们只能找那些容易操控的事务来做，希望自己能够在某个方面成为行家。

然而想做英雄的这个目标并不是毫无实现的机会的。

我们之前说过，男人们都喜欢动作影片。仔细观察，你可能就会发现，那些影片不是只有动作镜头。故事情节通常是关于男主角钟爱的女人的。他之所以花费那么长时间打败对手，只是为了征服自己钟爱的女人。

男人整天玩游戏，那他的游戏等级也会逐渐增高。这在某种程度上满足了他想要征服的欲望。在那个虚拟世界里，他正在创造奇迹。但他也明白，在现实生活中，他并没有创造奇迹。如果他真的在现实中有所作为的话，他可能就不会那么喜欢玩游戏了。

真正有所作为的男人都希望得到鼓励和赞赏，这会成为他们行动的驱动力。但还有一点对他而言更加重要，那就是要为了他最在乎的女人而一鸣惊人。

换言之，他不仅想要成为英雄，还想成为你的英雄。

这话是什么意思？

正如一句谚语所说的那样："男人的家就是他的城堡。"通常，我们都想象着国王走出城堡制服对手，然后回家了也统领整个家庭。他是个英雄，所以大家都应该将他视作英雄。而他真正想要的是征服战场上的对手，回到家里就跟最在乎的人一起度过。

真正的英雄希望出征征服对手，在别人面前风光无限，威风凛凛。然而他想要回到家告诉你他的所作所为。这并不是说他想要听你的奉承，他只是希望他的女人能够明白他在战场上——经济上的、生理上的、生意上的、关系上的或其他任何战场——取胜了。

他希望能统治世界，但也期待能及时回家吃晚饭。这听起来似乎很自私，却是真实的想法。你无法改变它。但一旦发现了这种想法，你就能够利用它。这很简单。

大部分男人整理床铺并不是想让房间变得整洁，而是因为这是他们女人的需要，他们做到了就成了她们的英雄。你只要简单地表示了感谢，他就会觉得受到了尊重，并且也希望自己能变得更勤快一些。因为枕头放歪了而批评他没有做好，这会让他感觉很沮丧。

你的丈夫或男友是通过你的眼睛来评判自己的。你不能逼迫他做出某种行为。但如果你用尊重的态度对待他，他就会认为自己是你的英雄。如果他相信了这一点，那他就会满足你的需要。不久，他就会自动离开沙发，为你做任何事。

男人们都想要创造不同。

他们希望跟你们的关系能更进一步。

男人是逻辑动物 女人是情绪动物

第三部分

他是怎样做的

纽约的中央公园名声并不是很好。

我很早就听说过它，而且在电视和影片中见过它多次。它通常是犯罪片和恐怖片里灾难性场景的背景。国内新闻报道也总是提到在那里发生的屠杀和袭击事件。我将它视作一个灾难之所，去那里就意味着你的生命安全将受到威胁。

这一周刚开始的时候，我在纽约准备做演讲，居住的地点距中央公园约三个街区。我决定某天傍晚去公园里跑步。于是，我上网搜索，查看人们对那里的安全状况的评价。我读到的大部分评价都说公园里某些地方不太安全，但事故发生的时间大部分都是在夜晚，而且是在远离主要公路的地方。

因此，尽管我去的时候天还没完全黑，我仍然觉得有点不安。我谨慎小心地走进公园，不断察看四周的状况，以确定自己不会遇到麻烦。

他是怎样做的 第三部分

这时，我发现那里不止我一个人。抵达公园的时候，我还看到了约500个跑步的人。有人驾着马车出来观光，还有数百人在草地上散步、爬山、攀岩。这里并没有媒体所报道的那么危险，反而很热闹，这真是一次很棒的体验，我永远也不会忘记。

我先入为主地认为那里不够安全，还不敢去，差点儿错过了这令人意外的热闹场景。

男人在情感关系中也是如此。媒体报道了很多不完美或者不切实际的男人的事例。有很多女人都把"男人没有感觉""男人不听话"这两句话当成真理。

但这样的观点就让女人无法看到男人最优秀的那一面。我们了解这些特例，并要对他们提出质疑。我们能够了解哪些是男人真正的品质，哪些不过是以讹传讹的谣传。我们要能够明白男人为什么会做出那种举动，了解他们做出这些行为的真正目的。

第六章

他为什么不以脏为脏

/////////////////////

男人做什么都会惹恼女人。

我知道这话一定让你感到惊讶，不过这也是事实。让人讨厌的特质总会在关系持续一段时间之后才凸显出来，而不是开始的时候。

一段关系开始的时候，你总会被对方好的特质所吸引。令人讨厌的特征当然也有，不过你当时还没有发现。你倾心于男人的魅力、智慧、长相和幽默感，这正好印证了"爱是盲目的"这句话。令人讨厌的特征总是要相处一段时间之后才凸显出来。

他第一次在公众场合打嗝，这引起了你的注意。你认为这不过是偶然发生的现象，因为你知道他不会经常性的打嗝。这样虽然看起来不好，不过他没有说"抱歉"。直到几个月后，他跟朋友们比赛打嗝，并且他赢了，那一次偶发事件才引起你的重视。

我问过一些女同胞，男士们的哪个方面让她们感觉最讨厌。她们很快就做出了回答。

"我就某件事询问他的意见，他却说'我不在乎。'"

"他看电视的时候躺在沙发上睡着了，醒来的时候我正好换了一个台，他叫道：'嘿！我正在看那个频道呀！'"

"我刚刚把厨房打扫干净，他跑进来又弄得一团糟！"

"我们赶往某个地方的时候，他总是希望把他的东西都放在我的包里，这样他就什么都不用拿了。"

"我剪了头发他一点也没留意到——即便留意到了，他也不会夸我。他只是说：'你剪头发了啊。'"

"我们外出吃饭的时候他总是在打电话。"

"他用过马桶之后总是不放下马桶盖。他难道不知道女人起夜的时候不能这样吗？"

"他想要带我出去，却总要我计划行程。"

"他不以脏为脏。"

让我们以最后这一条抱怨为例来说明。男人真的看不到肮脏吗？我回顾了一些资料，看是否有相关的研究资料。但除了一些描述这种状况的博客闲文和搞笑段子之外，我什么也没有查到。

我认为，这里还有另一个问题：女人们看到"脏东西"的时候，她们真正关注的究竟是什么？

男人们认为"脏东西"就是指地毯上的灰尘，写字台上的黑色污渍，或者他们衬衫上的意大利面酱料。这是很明显的"脏"。还有一些更细小的东西，在他们看来并不算"脏"。

男人是逻辑动物 女人是情绪动物

因此，女人说"厨房里很脏"的时候，她的意思可能是厨房有很久没有打扫过了。这话通常是在说，从准备食物开始，橱柜里就没有用清洁剂清洗过。这不是很明显的污垢，不过上面沾染了一层需要清理掉的灰尘。

　　男人走进女人所谓"肮脏"的厨房，猜想这里究竟有什么问题。他看不到里面堆积的灰尘，难看的黑色污垢，以及泼洒在某处的意大利面酱料。女人要求他打扫一下厨房，他通常都不知道该从哪里清理起，也不知道该怎么清理，不知道打扫到什么程度算是"干净"。

　　几年前，我和妻子就讨论过家庭杂务的问题。由于我是在家办公一族，因此只要没有出门或者给学员们上课，我都会在家。妻子黛安是自由职业，不过要与家以外的客户合作。因此，白天我们总是在家里进进出出。我通常都负责修缮工作，而她则负责打扫工作。我们都要清理草坪、照顾水生植物，并做其他杂务，如果我们中的一个在清洗自己的车，会顺便把对方的车也一并清洗掉。

　　而对于一般的家庭杂务，我们达成了如下协议：我每周要清洗马桶和客房的浴室，一周要用吸尘器清扫地板两次，开车出门接孩子之前把垃圾清理好扔掉。这些杂务我并没有太放在心上，因为我清理东西的时候会获得满足感，如果我完成了这些杂务，那黛安就会认为在做杂务这方面我做得很好。

　　然而，开始做杂务之后，我发现，黛安和我对"干净程度"的理解不一样。她不想在我做完之后再过来清理一次，因为那意味着我没有做好，而我又真的希望她为我的劳动而觉得满足（我想要成为清扫英雄）。于是，我就问她，打扫到什么程度才算干净。

我看着她一点一点地打扫我们的客房浴室。我认为，她清扫的地方都是很干净的。她擦拭了那些没有污点的镜子，打扫了没有明显污渍的立柜，拖了并没有任何污渍的地板。她打扫完之后，我认为跟打扫之前并没有什么差别。

今天，我完全按照她的方式来打扫浴室。我没有看到那些肮脏的地方，不过我不介意。这些地方在她看来很重要，我按她的方式来做，是出于尊重她的感受。

清扫地面也是一样。我知道地板上很脏，但我就是看不到。我猜，这种脏其实指的是"有灰尘"，而不是脏。但黛安却认为是脏，如果要让房间变得干净，那就该清理掉它们。我清扫地板的时候，不是在清扫灰尘，只是用吸尘器在地毯上简单地画出一些线条，认为它就会干净。我通常认为，就是用一根棍子这样做，也能达到清扫的目的。

几个月之后，黛安认为该清洗地毯了。这次也一样，我看不到任何污垢，但她却认为，如果在这样的地毯上玩耍，我们的孙儿们可能会患上某些终身性疾病。因此我借了一个自助地毯清洁器，按照说明书所示，往机器里加了含有清洗剂的热水，并且在地毯上来来回回地划动了几次，直到该换水为止。

男人是逻辑动物 女人是情绪动物

做完之后，我发现原本干净的水变黑了。不是浅灰色，也不是深灰色，而是黑色。此时我明白黛安是正确的。我看不见那些污垢，但它们确实存在。我不知道她是不是真的能够看到，然而她却感受到了。男人们可做不到。

我能举出男人做出的让女人生气的很多事例，但通常他们都不是故意去做的。女人总是抱怨男人看不到肮脏，而男人们也很烦恼，因为他们看不到自己的女人看到的肮脏之处。这也更加证实了男人与女人看待事物的方式不一样。

这无关对错，从一开始，男女双方就一直纠结于此。这需要我们彼此真正认识到各自的不同之处，并重视它们。

傻瓜

因为头脑的运作比较简单，因此男人们的心思并不那么复杂。女人的大脑总是会把一件事跟其他的任何事联系起来，而男人则一次只能思考一件事。因此，男人做出令你厌恶的行为时，他们的目的并不是要惹恼你。他们只是按男人的行为方式行事而已。

我举个例子来说明一下。最近，我穿了一条宽松的长裤，明明看到座椅上有油渍还坐了上去。留下的痕迹在裤子后面一侧腿部的内接缝旁边。洗衣服的时候油渍没有清洗掉，因此黛安说，我应该自己清洗掉。

她想的是，我可能会穿这条裤子去某次专业的研讨会，站在一大群人面前演说，而裤子上却有一个小油渍，这样有损形象。而我认为这没有问题，因为这个油渍所在之处是别人发现不了的地方。我们为此讨论了一会儿，这样我们可以了解彼此的看法。最后，我仍然穿着那条长裤，而她也不反对，因为我们达成了一致意见。我明白，她仍然对此感到不满，然而她却认为不值得为此而争吵。

而且，确实没有人发现那个油渍，至少我认为如此。

黛安和我并没有因意见不同而对彼此生气，而是学着了解彼此的看法。这对我们来说很重要。有时候我们一方选择向另一方妥协，是因为这场"战争"并不是那么重要。其他的时候，我们仍然要面对这些不同之处——这并不是因为我们理解，而是因为我们感激这些不同之处。我们更关心彼此间的关系，而不是谁对谁错的问题。

我最喜欢的黑色羊毛套衫的腋窝处破了一个洞，她想要丢掉。"你说话的时候总会举起手来，因此这里很容易被看到。"她说，"你不能穿这件衣服。"而我最初的回答是："我可以在里面穿上一件黑色衬衣，这样就不会有人发现了。"我真是这样想的，而她说的也有道理。

她的观点确实比我的观点更合理，因此我扔掉了那件衣服。重申一次，你争论的时候要明智。

问题是相互的

男人们同样对女人感到不解，但通常他们都不想问。

·他们都怀疑你们究竟是怎么看到他们看不到的灰尘的。

·他们想知道，明明每天傍晚才回家，为什么每天早上都要整理床铺。

·当你们问"我穿成这样会显胖吗"的时候，他们都不知道该怎么回答。

·他们想知道，为什么你们出去吃饭的时候要结伴去卫生间。

·他们想知道，为什么你们对事件的表述有时候比事件本身还要长。

还有一个常见的事例正好跟那个灰尘问题相反。男人总是想，为什么女人就不知道电视上那场球赛的重要性呢？很多女人都喜欢球赛，但男人却比女人更钟爱球赛。男人们享受看球赛是因为它满足了他们希望掌控一切、想要赢的心理。他们并不花时间去剖析这种心理，他们只是爱看球赛，并且很享受球赛。

因此，看球赛的时候，他们通常都不会关心其他任何事情。他们的头脑已经选好了要关注的事物，因此那段时间里，其他的事情都不重要了。看比赛的时候，如果女人问了男人问题，他可能根本就没听到。他一直在关注球赛的状况，因此那个问题对他而言就是再寻常不过的一句画外音。它并不影响他看比赛。女人很恼怒，因为他更关心比赛而不关心她，这只会让她更加厌烦他爱看比赛的习惯。同时，他不知道自己做错了什么，于是感到很困惑。

应对这些不同之处

因此，我们还是回到原点：这不是谁对谁错的问题，我们应该意识到我们彼此是不一样的个体。当女人因男人的行为而感到不满、恼怒的时候，她通常会按如下三种方式之一行事：

1. 她试图改变他。
2. 她把想法藏在心里。
3. 她跟他交流想法。

让我们来仔细了解一下这三个选项。

1. 她试图改变他

这可能是最不管用的方法，并且还会更加激化双方的矛盾。她之所以有这种行为，是因为她认为男人的做法是错误的，而并不认为是由他们之间的差异所导致的。

我写作本书的时候查阅了很多相关的文章和书籍，其中之一标题是《如果你不允许，没人能让你失去理智》[1]。这部作品中列出了很多人们的很多行为，并长篇大论地阐述了他们做出这些行为的理由，还费了颇多笔墨讨论处理关系矛盾的不同方法。最终都归结为一个问题：我能够改变他人吗？

这个问题的答案很简单，而且大部分情况下都是真实的：不能。

想一想我们改变自己有多么困难。我们想要减肥，但是看到一根美味的巧克力棒就放弃了计划。我们自己想要有好心情，却遭到了别人的打扰。我们想要阅读更多书，却很难抵抗电视的诱惑。我们有很棒的梦想和期许，然而那些糟糕的行为方式和习惯已经根深蒂固，难以根除。即便我们的决心足够坚定，改变自己却似乎注定是一场赢不了的战争。

在这个方面，我们并不是孤军奋战。虽然有一些例外，但所有人现在跟五年前没什么差别。如果我们连自己都不能改变，又谈什么改变他人呢？确实如此，想一想有人想要改变我们的时候，我们是什么感受吧。大部分情况下我们都会拒绝，因为听起来他们好像是在说，我们现在这样还不够优秀。他们的意思就是，只有我们做出了改变，他们才会对我们感到满意。

两个人只有真正接受了彼此，包括彼此间的差异，这一段关系才会稳定。当他们做到了这一点，他们在这段关系中才会有安全感。他们有了安全感，就会有动力去做出改变。他们都知道，无论他们是否做出改变，对方仍然能够接受自己。他们都因为双方的本性特质而得到彼此的重视，而不是因为他们各自期望成为的样子。

这并不意味着你就该接受男人的不良行为。这意味着你要分辨行为和思想的差异，要辨明他做出的行为是因为思想如此还是抉择如此。如果是因为他是男人，那也是他个人的一个特征。试图改变这一点会让你们关系紧张。如果是源自他的抉择，你仍然不能强迫他改变，但你可以感化他。

2. 她把想法藏在心里

这种反应比不管更糟：这样是有百害而无一利的。这样做开始的时候你心里是恼火的，但时过境迁，你心里的痛苦会越积越多。如果我们不处理这个问题，就无法"放下它"。它会植根在我们心中，不断成长强壮，而我们对另一半的态度也会越来越糟。我们试图表现出没什么的样子，而其实这种埋怨在内心里堆积成山。

一旦出现了危机，这座"山"就完全坍塌了。我们内心里的埋怨爆发出来，此时才感觉好受了一些，但围观的其他人都在想："这是怎么回事啊？你们的关系好像挺不错啊。"而且我们还需要很长时间来进行善后工作。

这就像是摇晃苏打水罐。压力在罐内不断增加，而其他人却什么都看不到。四周都有罐壁以防液体流出来，但只要冲掉了罐盖，苏打水就会溅得到处都是。

我们都会遇到那种情况，即我们的强烈情绪（如怒气）累积数天甚至数月之久，我们没有跟任何人提及，但是这种情绪一直在心中堆积。如果带着这种情绪跟人说话，我们的话里就会有一点儿嘲讽的意味，这暗示着我们当时的心理感受。选择跟人敞开心扉交谈，那我们就可能释放出那种情绪。通常，跟另一个人交流我们的感受，能够让我们缓解这种感觉在我们心中产生的压力。

有人说："如果没有事实根据，我们就会创建资料库来支持我们的观点。"男人和女人相处的时候也是如此。你因为你的伴侣的行为而感到恼火，但你并没有跟他谈过这个问题。你按照女性的视角去理解他的动机，而他真实的动机可能根本不是你所想象的那样。他可能并不是想毁掉你们的关系。事实上，他可能都没有意识到自己在做什么。

我们猜测对方的思想和感受的时候，总是会猜错。就是那么简单。女人不是男人，女人的思想跟他们不一样，因此，除非我们自己询问，不然不会知道另一半的想法究竟是怎样的。

3. 她跟他交流想法

这种方式才是唯一健康的选择，而且也只有在她接受了男人的思维跟自己的思维不同这一观念后，才能用这种方式。这也就是说，这种交流其实是征询性的交流，而不是指控性的交流。这种交流需要在我们猜测男人的动机之前就发生。

有些女性可能根本意识不到还需要进行这样的交流沟通，所以情绪激动的时候，女人们需要特别留意。女人若不能明白男人为什么会做某种行为，那就应该主动询问他。

"但我就此向他询问的时候，他就会发火，"你可能会说，"他感觉我是在批评他。"

这也证明了为什么沟通那么重要。如果你指责他，他当然会反驳。但你若是想征询他的意见，他自然会将之当成尊重和肯定。

观察一下，听到下面的两段话，男人会有怎样的反应。

"我跟你说话的时候，你总是在看手机。你更关心那该死的手机，却一点也不关心我。"（指控）

听到这话，男人会感觉自己做错了事，惹上了麻烦。他当然会反驳你，而不是去试着领会你话里的含义。

"我需要你的帮忙。"（等待回复）"我发现过很多次了，我跟你说话的时候，你正好在看手机。我不知道该怎么办，因为你看起来心烦，对我说的话一点也没放在心上。我说的对吗？"（征询）

用这第二种方式，你更可能得到想要的答案。对于这个他会怎么回应我也不敢保证，不过你已经表达了你对他的尊重，把你的感觉告诉了他，而不是指责他的行为。他也许并不会给出你最期待的答复，说："我正好擅长一次处理多件事。"他可能并不能马上给你答复，但你已经为以后的沟通打好了基础。你对他付出了尊重，

男人是逻辑动物 女人是情绪动物

而且你是在情绪爆发之前做出的表达。你再次回顾的时候，就会发现这是很真诚的交流。

用感化赢得胜利

我们不能改变他人，只能改变自己。通过改变我们看待事物的方式，我们才能感化他人，并保持跟他人的沟通，这样，他们也许就会选择做出改变。

女人在面对两性差别的时候也有三点很重要的因素：

1. 意识到那些差别是真实存在的。

2. 将它们视为差别，而不是错误。

3. 以重视情感关系的态度去处理这些差别。

男人发觉女人接受了他们之间的差别，而不是试图改变这些差别的时候，他才会乐意去改变自己，因为他想要讨女人的欢心。

如果你的丈夫或男友明白了你对"脏"的定义，他以后可能也会发现，你说的那个地方真的很脏。

第七章

穿着生锈铠甲的骑士

/////////////////////

我讨厌男演员理查·基尔（美国）。

这不是真话。事实上，我很爱看他的电影。不过他不太受男士们欢迎，因为他明白在荧幕上要怎样秀浪漫。他很英俊，很有魅力，总是在合适的时间用恰到好处的方式和语气说正确的话。他是那种很刚强又很沉默的人，他很有掌控欲，并且知道如何用一颦一笑征服女人的心。

他让我感觉自己在情场上就是个失败者。

几年前，我和妻子去电影院观看他的一部电影，名叫《谈情共舞》。基尔扮演的主角背着妻子参加了社交舞培训，希望能给她一个惊喜。这部电影很不错，因为主要讲述的是他有多爱他的妻子，以及他为了讨她欢心而付出的一切。换句话说，他是在学着变得浪漫有情调。

主要故事情节发生在一个少有人光顾的百货商店里。他的妻子一直在怀疑他外出上课是在外面跟情人约会，突然他出现了。她看着他穿着黑色燕尾服，戴着红色领结，手拿一枝玫瑰走到她面前，她感觉不知所措。

我发现我妻子此时屏住了呼吸，我怀疑她会因此在我身边背过气去。我看着电影，看着她的反应，想，好吧，我也想要那么浪漫。但我可不会这么做。我可达不到这个标准。

这才是关键所在：男人可不会像大屏幕上所显示的那样，去做准备弄出一个童话般的场景。所有男人都明白，浪漫就是他们所看到和听说的那样，但这种行为看起来并不现实。这并不意味着我们不能按照令女人惊喜的方式给她们创造浪漫的回忆。我们不应该就此放弃努力。

女人都喜欢浪漫的场景。这也是爱情小说如此受欢迎的缘由所在——它们让女人们通过感受主角的感受而体验到浪漫。美国情爱作家网列出了十大最受欢迎的主题，按照受欢迎程度排列如下：

1. 由朋友变成爱人

2. 灵魂伴侣/命中注定

3. 第二次恋爱

4. 地下恋情

5. 初恋

6. 男主角／女主角很坚强

7. 重修旧好

8. 三角恋

9. 性感多金的男主角

10. 女主角主动活跃

还有数据表明，这些书84%的读者都是三十到五十四岁不等的女性。有人说，女人二十来岁的时候，还在期待着男人能够做出改变，变得更加浪漫有情调。而一旦到了三十岁，女人便对此不再抱有幻想，而是读小说了。

反面

与此同时，大部分男人都希望自己更浪漫一些。但如果他们认为，这样他们就得写诗、翩翩起舞，并且总是在合适的时间说恰当的话，那他们肯定会直接放弃。若他们逼迫自己变成那样，他们就会觉得自卑。写诗、跳舞看起来很有艺术气息，但他们不擅长，如果一定让他们这样做，那就是在演戏。从某种意义上说，他们太过诚实了，装不出不是自己风格的样子来。

理由呢？为什么会这样？因为大部分男人仍然是那个希望成为英雄的小男孩。但如果要追求爱情，那这个风险也太高了。他担心他会遭到嘲笑和批评，因为他"没有做对"。他对浪漫有一种不切实际的看法，而且也没有人告诉他浪漫还可以用别的方式表达。

男人是逻辑动物 女人是情绪动物

需要有人告诉他，浪漫就来自他原本的样子，而你是帮他发现这一点的最好人选。想要俘获女人的心，就要好好利用自己的独特个性。这也是她爱上你的缘由。而他并不明白这一点，除非你告诉他。

近期，我跟一位男士聊起了他们的夫妻关系。我问："你最希望你妻子了解你哪一点呢？"他的回答很简单："我希望她知道我有多么爱她，只是不知道该怎样表达。"

我经常听到男性朋友们这样说。他们都对自己生命中最重要的女人怀有深厚的感情，不过他们不擅长浪漫。他们的情感深藏在内心，当他们的妻子说他们不够浪漫的时候，他们就会手足无措。他们真希望自己变得浪漫起来，但就是不知道该怎么做。

那么，浪漫是什么？

我想知道女人对浪漫的定义，于是我做了调查，询问了一些女性朋友的看法。我对她们的回答做了一点摘录：

"我不介意他做什么，只要他的行为能够证明他是爱我的。"

"我希望他让我知道，他一直都在努力——希望他告诉我，无论发生什么，他都跟我在一起。"

"他接受我本来的样子。"

"我希望他明白'患难与共'的含义，因为我不会总是最可爱的那一个。但他会一直在我身边。"

"他在一天中的某个时间能给我一个惊喜，让我知道他在想我。"

"他因公出差的时候欣赏了一次美丽的夕阳，并拍了一张照片发给我，还附一条信息'真希望你在这里陪我一起看'。"

"我们出去购物的时候他牵着我的手。"

"他用我的口红在浴室的镜子上画了一个小小的心，这样我白天就能发现了。"

"他自愿用吸尘器清扫地板。"

"他只要抱我几秒就好了。"

这份摘录中有两点让我感到惊讶。

1. 她们都没有提到巧克力、珠宝或者穿着燕尾服乘坐电梯的情节。

2. 作为一个男人，要是有人为我这样做我也会觉得开心。

这并不是说，男人用以表达真情的礼物女人不喜欢。女人对浪漫的理解多半是希望男人是刻意做出来的，而且保持他们的自我。这也就是说，他要将女人放在自己心中最重要的位置，并且以一种自然的方式让她明白这一点。

我听过的最好的对浪漫的诠释是："你爱上他并不是因为他的外貌长相、衣着打扮或者他开的很酷的车，而只是因为他唱了一首歌，只有你能听懂。"男人唱歌可能都不在调上，但他的真情演唱却能打动你的心。如果他感到紧张，他就会开始忘记歌词和旋律。

男人是逻辑动物 女人是情绪动物

我总是想为黛安写一首歌。我认为，如果我能够把对她的深情写成歌词，然后请人谱曲，这样真是太棒了。但我没有写歌。如果我能达到这样浪漫的水准，那我会崩溃掉的。

别人写的情歌都很棒，我根本写不出来。我发现，尽管我不能自己写歌，但我可以下载一些歌，将它作为礼物送给她。"如果我为你写歌，"我告诉过她，"我就会写一首像这样的歌。"

我也找到了其他有创意的点子，借他人的方法为己所用。例如，贺卡可能很贵，通常，我都是在她生日或结婚纪念日才给她送一张。我以前总认为买贺卡、鲜花或其他什么礼物是责无旁贷的。毕竟，所有的广告词都说女人想要的就是这些。尽管我想要更浪漫一些，但我似乎就是学不会该怎样浪漫。

我们曾经为此交谈过，她让我明白了她的观念。让礼物变得特别并不是要花多少钱，而是因为礼物表达了我在想念她，而且这也是我主动在表达我对她的爱。直到她告诉我这一点，我才明白过来，她的肯定让我学会了怎样轻松自如地表达浪漫。我仍然可以做我自己。

现在，在某些特别的节日时（或者只是偶尔逛街时），我们都会在贺卡区停留几分钟，寻找最能表达我们对彼此爱意的贺卡。一旦找到了，我们就会将贺卡展示给彼此看，互相亲吻，然后再放回货架上。我们找到了我们俩都觉得既有趣又有意义的方式来表达爱意。

浪漫？我认为没有人会按照这个标准制造一场电影。但这是我对妻子的深情，小小的告白。这种事既符合我的品位脾性，而她也感觉满意，因为这也正合她的口味。

为什么没有人告诉过我们这些？如果有的话，我们就会在表现浪漫这方面做得更好。

煽风点火

因此，如果绝大部分男人都因为不切实际的水准而不喜浪漫，那该怎么办？你就用一种他能够明白的方式告诉他，你认为浪漫是什么样的。

男人最希望得到女人的尊重。事实上，有很多实验研究表明，男人对尊重的渴望远远超过爱或性。如果男人感受不到女人的尊重，那他就会患上"情感饥饿症"[1]。如果不知道该怎样控制这种症状，他就会感觉恼火，因为他的需求没有得到满足。他可能会表现出愤怒，这让女人觉得无法理解，因为她其实也给予了他关爱，不过效果不好。

还记得我们之前讨论过，男人一旦没有安全感，他会怎样尽全力躲开吗？他们对成功有一种天生的向往和追求，并且在生活的方方面面都表现出好胜的心理，如果没有取得成功，他们就觉得努力都白费了。

男人是逻辑动物 女人是情绪动物

如果男人工作上出类拔萃，他的上司会赞赏他，并给他的表现付出酬劳。如果他在教堂或社区是一个领导者，他就会很有成就感，会乐意听到别人对他的赞赏。然而，如果在家里，作为丈夫、爱人和朋友，因为你没有赞赏他，会让他感觉自己没有能力，这会让他没有安全感。

男人都需要获得最爱的女人的肯定和赞赏。这让他们感觉到自己受到了尊重，也让他们有安全感。无论在工作上或社交上获得了什么样的成就，如果没有获得妻子的肯定，那这一切都没有意义。

《一分钟经理人》的作者肯·布兰查德就说过，"发现别人做正确的事"[2]很重要。他说，很多雇员做错事情的时候只听上司的。而上司有时实施的是"海鸥式管理"——上司有的时候会来视察情况，有的时候突然离开，消失不见，让所有人手忙脚乱。肯·布兰查德提议，上司要给予员工简单而真诚的鼓励，这样会改善员工在公司的感受。他们受到了鼓励，就会变得自信。他们变得自信，就会想要继续努力下去。

男人也是如此。他们做出了正面的、积极的事，做妻子的应给予他们赞赏和肯定，这样，他们还会做出类似的举动。为什么呢？因为得到了你的肯定，他们感觉很棒。

从某种程度上而言，他们就变成了你希望他们成为的样子。

我从来都不擅长把握时尚潮流，我对自己所搭配的色彩和风格并没有太多自信，但偶尔我出门的时候穿的衬衫和配的领带很搭。

有时候，有不认识的女士夸我这样搭配很不错，我就会一连穿上好几天。

几周之前，我在机场过安检的时候，一位女性工作人员说："你衣服的颜色跟你的眼睛颜色很搭。"你猜猜，我感觉自信的时候会穿哪件衣服呢？如果这句赞扬的话是我妻子说的那就更棒了，因为我知道妻子是真诚地说给我听的，而不是奉承。（如果男人们对运输安全局的女工作人员的肯定都感觉良好的话，你可以想象，如果是得到了妻子或女友的赞赏，他们会有多高兴。）

当然，尊重并不仅仅是赞赏男人的穿衣品位。你只要善于发现你的丈夫或男友做出的正面、积极的行为，就能够对他产生很大的影响——这一点很浪漫。要留个心眼，仔细观察他为你做出的让你感觉到被爱的行为，认真听他说让你感觉到被爱的话，并且让他知道你的感受，告诉他："你昨天帮我清扫了露天阳台，那是我经常要去清扫的地方，你会去清扫，真让我感到意外。我没说过这种话，可是这一回我想说，你做的让我感觉到了你的爱，我觉得自己跟你更亲近了，谢谢。"

站在一个男人的角度，我告诉你，你说完这些之后，他可能会每天都去清扫露天阳台，因为你让他感觉自己的付出获得了尊重。以后，他可能还会为了得到你的肯定而去做其他的家务。

不要让他变成理查·基尔，让他做自己就好了。

男人是逻辑动物 女人是情绪动物

让他变浪漫的机会

你让你的丈夫了解你对真正的浪漫的理解，你就是让他自己做出符合他个性和脾气的选择。不要期待他一夜就能变成你期待的样子，因为他的行为方式已经在很久之前就被社会和媒体所固定住了。这种改变不是能够自动发生的，而且这种改变的结果也是没有人可以保证的。这只是让他的行为变得对你有意义的最快捷的方式。

要让他们改变并不复杂，因为男人本身就不是复杂的动物。他想要得到的是生命中最重要的女人的尊重和崇拜。如果你尊重他，崇拜他，他就会感觉自己是个英雄，而他也会更愿像英雄一样行事。

一段关系开始的时候，大部分男人的表现都很浪漫。看起来，你就是他关注的焦点。他给你送花，他会陪你聊天数小时，为了跟你有更多时间相处，甚至牺牲了睡觉的时间。这会让女人觉得，他会一直如此对待她。毕竟，这也是他个性的一部分，不是吗？这也是他为什么做出这些举动的缘由。但时过境迁，那种热烈燃烧的火焰似乎火势不再那么大了，而是转变成了一堆永远都明亮的温暖火光，但如果不加关注，火随时可能熄灭。

我女儿高中的时候，她的男友第一次找她约会，他希望邀她一起参加毕业舞会。她是住在家里的，因此，他请求我们，在她不在的时候，过来准备邀请仪式。我不记得具体都做了些什么，只记得他在她的卧室做了很多装饰，以及很长一排巧克力，最后将她引到房间里。

她被打动了，也接受了邀请。他们一起赴了舞会。几年之后，他们步入了婚姻殿堂。现在他们结婚已经十五年多了，有了三个孩子，他们的关系看起来比以前更好了。数月之前，我和女婿吃午饭的时候再次提起了他们的第一次约会，我问他最近有没有给她送大量的巧克力。他笑着说："啊，这不可能。再说，就算我送了，家里的狗和孩子都会比她更早发现巧克力。"他深爱着自己的妻子，但他们的关系看起来跟高中时候不一样了。

男人在关系开始的时候很浪漫，而后却变得不那么浪漫了，这似乎是他不真诚的表现。但这也跟他的思想和头脑有关系。男人们有统治欲、竞争欲和好胜心。他这么做不是因为自私，而是因为他喜欢上了某个女人，希望赢得她的心。从这个角度而言，这对他的能力是一个巨大的挑战。他会竭尽所能赢得她的好感，开始一段爱情关系。他对此很专心，也很有决心。他希望赢，而且是真正赢得她的心。

问题是，大部分男人更擅长征服，而不擅长维持关系。一旦他赢得了女人的心，他的目的也就达到了。在他们的头脑中，他们的这个任务已经完成了，现在该是开始下一场挑战的时候了。那并不是说他对她的爱减少了，那只是意味着，他不会像以前那样只关心约会了。

如果这是真的，那么进入婚姻之后，男人的行为跟婚前不一

男人是逻辑动物 女人是情绪动物

样，女人不应为此感到惊讶。她应该意识到，他仍然非常在乎她，只不过他们的关系迎来了一个新时节。他不再想着征服你，而是希望跟你建立稳定的关系。

从另一方面而言，这并不意味着她应该放弃改造他。维持关系不在他的能力范围之内，他对此也没有什么经验。大部分情况下，他真的希望成为她的好伴侣，并给予她所需要的一切。由于这是新的挑战，他自然会很主动地付出努力。

你认为他跟你一起购物就是浪漫，而他讨厌购物。你已经让他明白了这对你而言有多重要，于是他陪你去了。如果他脾气暴躁，他就很容易发火。相反地，你只要说："我知道这不是你最喜欢做的事，我知道你感觉不好受。我保证不会花太久的时间的——但我希望你明白，你能陪我去对我有多重要。我认为这样很浪漫，因为这意味着你对我的关心。"

这可能并不会平息他的怒火，但你的话他会记住。几周之后，他邀请你去购物，带你去逛了家得宝百货商场（世界最大的家居用品零售商）。你可能会说："这次不错，不过选错了地方。我觉得这一点也不浪漫。"

但你看看他的眼睛。他是在试图按你的要求，带你去购物。去家得宝对他而言很特别，他认为这是一次很好的机会，既跟你在一起，也做了他想做的事。对他的努力做出肯定吧，并享受这次购物吧。

黛安已经让我倾心于家得宝了。无论我们什么时候一起去，对我们而言都是一次特别的经历。我总是为她打开车门。我们逛商场的时候总会手挽着手。我正在跟我最爱的女人逛最爱的商场。

再没有什么比这更棒的了。

这个浪漫不浪漫的问题最重要的是要沟通。男人无法读懂女人的心思，而女人也读不懂男人的心思。如果我们不经询问就揣测他人的动机，通常都会让人们产生矛盾。了解别人想法唯一的途径就是询问，并且要在合适的情况下询问。

"合适"是什么意思？女人要让男人说出自己的想法，对他而言这是冒险。他可能会冒这个险，然而她的回复才决定了他之后要冒的风险有多大。

如果他在表达自己的情绪时，她选择争辩或解释她的立场，这就不"合适"。他不会再开口，因为他认为她根本没有认真听。但如果她试着倾听、理解，而不是争论，向他提问而不是阐述自己的观点，这就是"合适"。他认识到，他可以用自己的感受打动她，因为她会在乎他的感受。

在这种情况下，双方才能进行沟通。而开启了沟通模式之后，情感关系也会得到巩固。真诚的沟通不总是能够容易做到，生活中总会遇到磕磕绊绊。

这也没关系。无论多么艰难，真诚、恰当的沟通总会成为浪漫生根发芽的沃土。

你的丈夫或男友会变得比你预料的更加浪漫。

男人是逻辑动物 女人是情绪动物

第八章

无条件的喜爱

/ / / / / / / / / / / / /

本章开始，我要做一个免责申明。

我写完以上内容之后，我妻子读了一遍。她评价说："如果我不认识你，我会觉得你是在告诉我，在我和丈夫相处的过程中，需要做出改变的是我。你的女性读者们会想：'我为什么要改？那他呢？这听起来完全就是我的责任，而他什么也不用干！'"

我并不是这个意思。关系好坏不完全是女人的责任，在任何情感关系中，男人当然也有自己应该承担的责任。这是一本指导你们互相理解的书。我们探索的是男人的内心世界，以及他的内心是如何影响他每天的抉择的。我的目的是陪你一起逛，带你领略他内心世界里的风光。一旦你明白了这些，你就能够自主做出决定，该如何面对你生命中的男人。

因此，读本书的时候，你要牢记这一点。如果你感觉某些内容不公平或者很片面，请你记住，我不是要让男人摆脱责任，我只是想帮你真正了解他。

本文列出几种男人的类型，如下所示：

· 不听女人话的男人。

· 情绪内敛的男人。

· 女人独立会感到威胁的男人。

· 只想要性的男人。

· 一旦有机会就说谎的男人。

· 不敢承担责任的男人。

· 宁愿跟同性朋友相处的男人。

这些分类是从何而来的？真的有这样的男人吗？

女人们聚会的时候，总是会谈论自己的丈夫或男友。她们会因为他们的某些行为而感到恼火，她们试图找出他们的动机何在。如果她们相信以上的分类确实是真的，她们就会说出下面这样的话来：

"哎，他是个男人——因此你还指望什么呢？"

"他不会这样做，男人们都是这样。"

"男人——跟他们在一起你会活不下去，但没有他们你也活不下去。"

女人对这些观点应该怎么反应呢？她应该质疑以上所罗列的这些类型，站在另一个角度审视自己的丈夫或男友，看看他是不是真

男人是逻辑动物 女人是情绪动物

的是那样。女人和男人都想要真正的感情，而不是需要以某种特定的方式"表演"给对方看的观众。女人跟男人相处的时候会去探索男人原本的样子，会去了解他究竟有多么特立独行，他真正的想法是什么，这样他们才会培养出真正的情感。

让我们来了解一下要怎么才能做到。

推倒围墙

男人不喜欢女人给自己分类，但他们大部分人一生都会听到这样的话。当然，有一些男人就以此作为借口："我是个男人啊——男人就是这样。"然而，内心里，他们认为这样划分是不对的。他们只是不知道怎样反驳，于是他们就三缄其口。

大部分男孩学着隐藏自己的感情，是在游乐场上。

凯才八岁，不过他明白如果有人说他是"胆小鬼"是什么感觉。如果他表露出了情绪，他的朋友们（甚至父亲）都会斥责他，告诉他要"表现得像个男人"。通过观察别的男孩对待事物的方式，他也在努力揣测男人是什么样的。因此，他隐藏自己原本的感受，这样他才会被视作"男人"。

最后，那些隐藏自己柔情的男孩长成了隐藏自己柔情的男人。这是不幸的，因为柔情正是最打动女人的东西。它深藏在男人的内心里，并没有表现出来。女人看不到男人的情绪，就认为男人是不那么情绪化的人。

现在，我们该检验一下以上所列举的那些类别是不是真的了。怎么检验呢？用恰当的方式跟你的丈夫或男友谈论他们。

这里，"合适"就意味着跟他一起讨论某些类别，但是不要将这些特点跟他套在一起。如果男人尝试与女人讨论这些问题的时候，女人反应过激，失去理性，他就会退回到"岸上"，而且不敢再去尝试。

当你开始探询的时候，他可能会变得多疑。但内心里，他还是希望你能真正了解他的。如果男人有机会跟自己的妻子或女友完全表达自己的需要，那就会让他跟原来不一样，会变得更好。如果在你面前，他能够完全自由地表达自己的想法，那他就是完全信任你。

因此，你已经听说了以上所述的各种类型。那么，男人希望你真正了解的究竟是什么呢？

男人的十四大首要需求

通过多年对男性的研究和跟男性的交流，我发现他们不断重复同样的话。他们都希望打破女人所说的那些类型定位，让女人了解他们内心真正的想法。我列出了男人最希望女人明白的东西——是

男人是逻辑动物 女人是情绪动物

站在男人的角度而说的。

1. 我希望你能够直接说明

我真的想知道你的想法。有时候我们会感觉不耐烦，那是因为你花了很长时间描述状况。当然，我希望你能够快速进入主题。但这并不是说我不关心你说的话，然而你说话的过程妨碍了我了解主题。

我无法读懂你的心思，因此我了解你需要的唯一途径就是让你自己告诉我。不要逼我做出让我内疚的事，直接告诉我你想要什么。直接告诉我真相。不要认为我不关心你。请认为我是关心你的，并给我机会证明给你看。

2. 如果你表达得恰如其分，我会爱上你的小情绪

我希望你不要压抑自己的情绪，也不要不让我知道你有了情绪。你怎样处理情绪对我而言很重要。我爱你，并且也想看你发泄情绪——只要不过分就好。恼怒、悲伤和强烈的情绪是你本来的样子，我希望你发泄这些情绪的时候，还能明白我是跟你在一起的。我只是不知道，你发泄情绪的时候我该怎么做。

这并不是说你不能表现出情绪过激。我的意思是，如果你能用恰如其分的方式，用不伤害我们情感的方式表达你的情绪，我才能做出更好的回应。男人尊重的是那种懂得合理控制自己情绪的女人。

3. 我希望你独立

有人说过："两个一半的人不能建立一段完整的关系。"我们希望做健康的、完整的男人，希望你们也保持完整的自己。我们希望你们需要我们，但不要依赖我们。

跟大部分人想的不一样，大多数男人都不希望跟一个柔弱的人建立关系以衬托出他们自身的强势。有一些掌控欲很强的男人确实有这种想法，但我们这里谈论的是健康的男士。那种观点是不健康的。跟我在一起也不要放弃你的兴趣爱好，但你跟我在一起的时候，请给我100%的关注。

除了我之外，你还有你自己的生活，这会让我觉得你是独特的。这也就是在告诉我，这一生，你选择我当你的伴侣，我们在我们的关系中都应保持完整健康的自我。

简而言之，我希望你做你自己。如果你做到了，那我自然也会给予你尊重。

4. 请和善地对待我

很多女人都不愿告诉自己的丈夫或男友她们最真实的感受，因为她们担心他会怎样回应。大部分情况下男人的回应可能都不会令女人满意，因为男人对女人的感受真的相当不敏感。他们没有太多表达情绪的经验，因此他们就会转而用男人能够使用的方式来表达，比如生气（这通常会表现为嘲讽或沉默）。

无论我们会怎样回应，我们都是人。人总会倾向于用别人对待他们的方式回应别人。如果别人对待我们的态度很和善，那我们就很容易用同样的态度回馈他们。如果别人嘲讽我们，那我们自然也会嘲讽对方。这也是为什么所罗门王会说："和善的回应赶走愤怒"。[1]

深陷爱情中的男男女女都很关心彼此。这也是他们结合到一起的首要理由。如果他们确实非常关心彼此，在相处的过程中感受到了彼此的价值，难道他们不会和善地对待彼此，尊重彼此吗？

某件事物越有价值，我们对它们付出的关注度也就越多。我们对待昂贵的水晶酒杯跟对待一个塑料鸭嘴杯的态度是不一样的。无论男人们说什么，当你的出发点是善意的时候，这就会建立你们的信任。

5. 我做出回答是为了得到赞扬

有些女人认为赞扬丈夫是不对的，因为这可能会让他们形成坏习惯。女人恼怒的时候，可能关注更多的是缺点而不是优点。她恼怒的时候，她说的大部分内容都是关于他做错了什么，而不是他做对了什么。

赞扬是帮助我们进步的力量（这是天性）。如果我们听到的都是批评，那我们也会变得挑剔。如果我们听到的是赞扬，这就能增加自信。最主要的是，你对我们的赞扬比其他任何人的赞扬都更重要。

这并不是要你夸耀我们。不过，你若是发现我们做对了什么事，请你告诉我们——这会让我们更频繁地这样做。

你确实对我感到恼火（而我们也知道这一点），但仍然给我在事件过程中所做出的积极、正面的行为给予肯定和赞扬，这对我而言尤其重要。"我对你在整个过程中的表现感到恼火，"你说，"但我抱怨我妹妹干扰我们的生活时，你却没有附和我的话。我感觉你听明白了，这很好。我真的很感激你。好吧，现在来说说我们的问题……"这种回应很有效，因为这是男人意料之外的，如果你不是真的这样想，就不会这么说的。

男人期待的是真诚的赞扬。不要忽略了这一点。

6. 我不想欺骗你

这一点很重要，因为很多女人认为，男人只要有机会就会说谎。因为我们是这样的特征，即便我们对你们感到满意，别的女人仍然能吸引我们的视线。如果我选择跟你建立关系，那是因为我希望你能成为令我感到满足的人。如果我们的关系出现了危机，我可能更有危机感，但如果情感关系稳定，我就不会四处勾搭。我们知道，只有处理好婚姻中存在的危机，婚姻才能继续。

优秀的男人总是很看重忠诚，并且会努力对自己心仪的女人保持忠诚不贰。与此同时，你也不能欺骗他，这一点也很重要。我们希望这种信任是建立在彼此的诚意上。确实如此——这也是我们为什么跟你们建立关系的缘由。如果我们在约会，我就不会跟其他人有交流，以将所有注意力都放在我们之间的情感关系上。我们结婚，我也希望这段婚姻能维持一生。

这并不意味着男人就不会分神。这种概率之高我们根本不愿意承认。但你要明白，这不是我的本意。一个优秀的男人不想说谎，并且会竭尽所能避免说谎。如果托付终身是相互的，那我们之间建立的信任，就能够经受终身关系存续期内任何风暴的侵袭。

7. 我希望你爱玩

没有谁开始一段关系是希望给自己带来烦恼。大部分男人都热衷于玩。他们更喜欢各种活动而不是聊天。他们生来爱玩，这也是他们个性的一部分。因此如果女人也爱玩，那她就找到了打开他心门的钥匙。

男人更容易被女人创造的机会所打动，而不是她所说的话。要俘获男人的心，一个"能干"的女人比一个"能说会道"的女人机会更大。男人希望找乐子，他们会很喜欢你们陪他们一起去。如果他与一个女人建立了爱情关系，而她又不爱玩，那么这段关系也不会变得有趣。如果情感关系变得沉闷乏味，那对他来说，这段关系就不会成为他的能量来源。

爱玩并不意味着只是一起做什么事。这意味着整个关系存续期间，你们都需要抱着享乐的态度。如果一起玩的时候你觉得很享受，那也会让男人获得享受。

女人更有责任心，做事更有条理。她们总是为生活做各种安排，甚至每一天的生活轨迹她们都会事先做出计划。当她们忙碌于某件事的时候，内心里却在思考着，做完这件事后，她们应该接着去做的三件事。

而男人则更加顺其自然（也许说任性更加恰当一些）。他想出去吃饭，这个要求却让女人觉得意外："但我已经解冻了上次吃剩的烘肉卷。我们还是下次去吧。"当然不能每次都以这个做借口，但你要是偶尔说："嗯，我本来计划吃烘肉卷的，我刚刚才把它们从冰箱拿出来解冻。但能出去吃饭也很棒啊，我们还是出去吃吧，那些剩菜我们可以明晚吃。"这样也很不错。

男人会觉得很开心。他知道女人已经做了安排，但如果她能放弃原本的安排跟他一起任性，这对他而言很重要。这就是在告诉他，对她而言，他比那些剩肉更加重要。这会让他在这段关系中感觉受到重视。

8. 我需要激情

诚然，一段关系到了合适的时机，男人的性欲就会变得很强烈。这不只是欲望，而是一种需要。激情是一种特别的东西。对一个男人而言，激情就是他对你很有感觉，他希望你需要他。事实上，也有多项研究表明，对男人而言，一段没有激情的关系比不稳定的关系更让他们感到恐惧。

我知道你爱我，但我也希望你喜欢我。自然，我们都会有感觉到恼火的时候，这对我们而言可是很危险的。一段关系之所以开始是因为魅力，而之所以持续也是因为如此。这就是男人对激情的定义，也是让他关注你的缘由。这不可能弄虚作假，因为男人很容易就能分辨出来。你可以自主创造其表达方式，但请让我对你保持激情——我们也需要相信，你对我而言也是同样。

9. 我的思想和感受都很深沉

女人们普遍认为，男人是没有感情的动物。这种话我们可以称为"街谈巷议"。男人们知道自己的所思所感，但跟女人相比较而言，他们表达情绪的时间可能要更久一点。但是，他们确实是有感情的，而且确实是真情实感。女人必须认识到这一点，并小心掌控。由于过去的经历，那些感受和情绪都很脆弱。

在成长的过程中，男孩们得知，他们是不能哭的（有时候是父母说的，但更多的是其他人说的）。他们成长的过程中，并没有遇到很多无条件接受他们情感表达的场合，因此，他们都学着不表露自己的情感。

跟女人的感情稳定时，他们可能会放松这种戒备。从某种程度上而言，他们是在脱掉鞋子在海里行走，感觉海水有多么冰凉。如果男人告诉女人他很害怕，他也在期待着她的反应。如果关系稳定，他会认为向她示弱是可以的。如果关系不够稳定，他就会把这种脆弱隐藏在心里。

我们确实都有恐惧感。不要想着说服我"不要害怕"。只要听我诉说——不是赞同我的话或者打断我的话，而是试着理解我，支持我。告诉我，你会跟我一起面对这恐惧感，这样我就不会觉得孤单。能获得女人的理解，这对男人而言是很珍贵的。

10. 我希望得到你的尊重和赞赏

尊重是男人最渴望得到的事物之一。当女人告诉男人，她相信他的话时，这让他感觉受到了重视。当然，男人也有头脑发热的时候。但是，你不要去关心为什么我们所说的方法不奏效，而是跟我们一起去试验。即便你关心究竟发生了什么事，也要赞赏我们的思维方式，鼓励我们做得更好。

如果你赞赏我的思维方式，我会觉得得到了你的支持。如果我觉得得到了支持，我就会有足够的勇气去放弃那些疯狂的念头。我需要知道，你是站在我这边的。

我做出好行为的时候，请关注我，并夸我。我需要"无条件的喜爱"，需要知道你尊重的是我原本的自己。你指出了这些，这会增加我的自尊。

11. 我需要你的陪伴

我喜欢你。如果我跟你建立了感情，我就想跟你在一起。在一起的时候，有时想跟你交谈；有时，我不想说话，只想安静地坐在一起，这对我而言跟交谈一样重要；有时，又只想跟你一起观看电视转播的冰上曲棍球比赛。我也需要有自己的空间，想要跟其他同性朋友一起去玩。所以跟你在一起，我需要调整时间。

我跟你建立关系，是因为想跟你一起生活。我希望知道，在一个简单、安全的环境中，你究竟是什么样子的。

12. 我需要鼓励

我们偶尔也会情绪低落，但通常我们都不会表露出来。尽管如此，你还是能够发现，因为你很容易便能看到，我比往常更沉默了——我对你的话没有回应，我不跟孩子们打闹，我甚至哪儿也不想去。

如果在这时候，你能给予我鼓励，我就会觉得能够掌控任何事——如果你需要，我会为你做任何事。当我陷入困境，披荆斩棘的时候，让我感受到你的支持。它让我更有勇气去尝试，因为一旦有了麻烦，你会为我提供一个温暖的港湾。

13. 我希望你跟我调情

我们渴望得到挑逗。当我们自信心不足时，挑逗会让我们恢复活力。一个淘气的微笑、一次轻柔的触碰，是让我们恢复自信的最快捷的方式。这让我们感觉到轻松，因为你会这么做说明你足够关心我们。其他女人对我们的挑逗也可能吸引我们的注意,但如果你先来的话,其他人的挑逗我都会视而不见。

14. 我需要得到欣赏

我们男人要扮演多种不同的社会角色,因此,你告诉我,我这些角色都扮演得不错,这对我而言非常重要。我们可能意识不到自己的行为意味着什么,因此你的评价对我而言很重要。当你发现我为你做了什么事,例如清理桌子或是给你的车加了油,只要说谢谢就好了。没有人会喜欢自己的行为被认为是理所当然,你的感谢会让我们想要再次去做。

你表达欣赏最有效的方式之一就是不要当着我们的面说。当我不在你身边的时候,你跟别人去聊吧。它会被反馈给我们,而我们也会感受到间接表扬的力量。

怎样跟男人交流 (第一部分)

要跟你的丈夫或男友进行高效的交流,你就要明白,他跟你说话的方式不一样。如果你跟他说话的方式与你和其他女伴们说话的方式一样,他可能会听不懂你话中的含义。最重要的一点是要选择他能听懂的语言。

男人是逻辑动物 女人是情绪动物

如果你需要帮助，请不要说："哎呀，我真的不想打扫厨房。"你希望他能明白你话里的内在含义，然后过来帮你。但他不会的，因为他认为你只是在陈述事实。你直接问他："今晚请你来帮我洗碗好吗？真的谢谢了。"

　　请直接说明你的感受，而不要用嘲讽的语气说话。不要说："你都不听我说话，你是怎么了？"你应该说："我们交谈的时候，我得不到你的回应，感觉很沮丧。"

　　请不要说："你总是跟你的死党们一起去玩，把我一个人扔在家里。"而要说："我很高兴你能出去跟朋友们聚会。我打算明晚跟我的朋友们出去玩。你为什么不邀请朋友们来家里看球赛呢？"

　　他习惯了听你说"我爱你"。这是他期待的，他也能感受得到。你试着说一句"我今天真喜欢你"看看，这句话很出乎他的意料，并且也会更吸引他的注意力。

　　你很忙，他明白这一点，你试着休息一下，只跟他待在一起，说："我现在有太多事要忙了，感觉心烦意乱。我想跟你一起休息一下，好吗？"这样的话男人很难拒绝。

怎样跟男人交流（第二部分）

　　"疯狂，"有谚语这样说，"就是重复不断地做同一件事，并期待有不同的结果。"

如果你现在跟你的丈夫或男友的沟通方式不奏效，那你可能就要重新评估自己的沟通方式了。如果你明确地知道他在想什么，你就要用恰当的沟通方式去跟他交谈。

你要让他敞开心扉，让他自己承认，他真的很在乎你，并希望能让你开心。他不知道该怎么做，因为他曾经尝试过，但收到了你否定的答复。他感觉这样很失败，并选择了一种不恰当的方式用以自保。

以下是一些能够让他做出不同反应的沟通技巧。

关注解决方案。如果你过分关注你们的沟通方式，把它当作你们的主要矛盾，男人通常会感到坐立不安。你的头脑比他的头脑收集信息的速度更快，因此他遇到问题就不会快速想出办法来应对。所以，你应该关心的是如何一起解决问题。

你们就问题达成一致意见之后，你说："我很想知道你的态度。你会怎么处理呢？"当他跟你说的时候，不要马上做出回应。只是听着，然后说："真有意思。我还从来没有这样想过。让我先想几分钟吧。"这样，你就有时间去思考他的想法，并选择最恰当的方式去应对。

如果你不同意他的意见，不要告诉他他错了。只要说："但我还有别的想法。我们一起商量一下，看看有没有可能将我们的意见统一，想出一个两全其美而行之有效的办法。"这种回复会让他觉得自己成功了。

不要提过去的经历。我听到男人们抱怨最多的就是女人的记忆力有多好，她总是能回忆起过去的事，来证实她现在的观点。她们的记忆力确实很棒，因为女人头脑中的多巴胺更多，这能帮助她们更快地掌握语言和记忆的技巧。让现在的问题现在解决，把过去的事情留给历史。如果过去需要强调，那也是以后发生的事——而不是现在我们需要面对的。

尽量简短。男人没有那么旺盛的精力参与漫无止境的对话。即便是正常的对话，男人们对交谈的时间也有限制。如果你发现他说的越来越少，总是东张西望，看起来对话题不感兴趣，就不要再说下去了，另行商定你们交流的时间吧。对男人而言，几段简短的对话远比一段冗长的谈话感觉更好。

做总结。你的思想可以让你从多个不同的角度看待同一件事，而且这些不同的观点要怎样才能拼凑到一起对你而言很重要。而男人一次只能关注一件事，如果你们的交谈涉及了太多内容，他可能会感到困惑，头脑混乱。倘若你说了一会儿你的观点了，那就试试看，能不能用一句话做个概括总结，问问他有没有听明白。然后再问他："那么，你的观点是怎样的？"

要记得你是在跟谁说话。他不是你的对手，他是你最好的朋友。你和他的这段感情应该得到维护。

让他明白你的需要。男人无法看透你的心思，因此，最重要的是，发生某些状况的时候，你要让他明白你的需要。如果你只是希望得到他的共鸣，就给他一段时间准备，并告诉他你不需要他的帮忙。"你能给我十分钟时间吗？我要理清自己的思绪。我不需要你帮忙，但如果知道你在倾听，这会让我觉得得到了支持。"

如果你需要他看着你的眼睛感受你的感觉，请这样告诉他："我在想一件重要的事，我需要你的看法。为此，你能看看我的眼睛吗？然后你可以去看十分钟报纸。"如果你需要他帮忙，请说："我需要你的建议。我先说说我自己的想法，然后你可以给我一点建议。"

不要让他把坏情绪带给你。如果他情绪不够好，请不要把自己变得跟他一样。他可能会希望你陪伴他，但如果你让自己不受他的干扰，你们的情绪会恢复得更快。

综上所述

以上就是打破那些模型桎梏所需要的东西。毫无例外，男人们一定会承认这一切，而且他们真心希望自己的妻子或女友明白这些。这些规则都不死板，这只是让你明白男人的潜意识思维的方式。

这些规则在不同的场合有不同的使用方式，不过都很管用。恋爱比婚姻变数更大。恋爱时，这能帮助女人了解男人的想法，以便

男人是逻辑动物 女人是情绪动物

确定这段感情的发展潜力。在婚姻中，这能解释那些在关系开始时她并没有发现的问题。对一个有十几岁儿子的母亲而言，这些能帮助她了解儿子沉默时内心的真实想法。

当女人不用固定的模式去看待男人时，男人会很感激。这意味着她真正关心的是他这个人，而不是一个木偶。

第四部分

应该怎样与他沟通

我曾听一位女士抱怨过，跟男人沟通是不可能的，如果他是个男人，他就一定不会沟通。如果他能够跟别人沟通，那他一定不是男人。

　　这种说法真是不公平，据此可以判断，男人和女人根本无法真正沟通。男人通常都很擅长交流，但他们的表现却跟女人完全不同。男人的感情很深沉，不过他们的表达方式却跟女人不同。他们更倾向于沉默，但这并不是说他们完全不关心周围的环境。

　　男人们都知道，在各种媒体上，他们都被人当成是没有感情、心不在焉，且没有沟通能力的人，这让他们觉得很难受。他们知道，这些评价都不是事实，他们不知道应该怎么改变这种看法。

　　在本书的这一部分，我要为男人们代言，反驳以上的说法。让女性探索男人行事的动机和看待事物的视角，以便找出与他们交流的真正方式。这是让你们学会第二种语言的机会——让你们学会怎样像男人一样说话。

第九章

男人们真的有感情吗？

/////////////////////////

70集电视连续剧《全家福》中的主角阿奇·邦克，是男人负面形象的典型范例，他是一个心胸狭隘、脾气暴躁的男人。这部剧非常受欢迎，从某种程度上而言，是因为很多女人都对这个角色所表现出来的特征有共鸣。[1]

如果不是女人们普遍有这样的观念，那作者就很难想出这种类型的剧情来。没有人质疑这个角色是真还是假。观众都认为这个人物很真实，剧情都是围绕着这个人物而展开的。我认为，他确实是个很典型的角色。

当然，每个男人都是不一样的。有的男人可能更像是这种类型的人，而有的男人则并不很像。通过了解这些观念，我们能够找到一些适合大部分男人的原则，而且这些原则都是合情合理的。

我们在辨明这些原则的真伪之前，应该重新回顾一下男人的头脑构造，弄明白它究竟是如何影响男人的情绪和行为的。

男人是逻辑动物 女人是情绪动物

他究竟在想什么？

之前，我们探讨了男人和女人头脑构造的差异。女人的大脑中有更多"白质"，也就是连接大脑两个半球的传导组织。而男人的大脑中"灰质"更多，这就意味着他们在一个时间段里只能让大脑的一个部分运转。女人能把所有的事物都跟其他事物联系到一起，而男人却做不到。

换言之，我们接受信息的方式是一样的（都是通过感官），但我们处理信息的方式却不一样。脑成像技术的发展让研究者们明白男人和女人大脑的不同构造，了解大脑究竟是怎样处理信息的。以下是关于男人及其情感的最新发现：

大脑左半球主管我们的语言。男人大脑的左半球细胞和组织比较少。脑细胞数量是控制行为的，脑细胞数量多就意味着行为表现更好。因此，若女人大脑左半球细胞数量多，那就是说，她们的语言和沟通能力更好。她们使用沟通技巧的频率越高，她们的技巧也就更加成熟——而她们大脑左半球的语言功能区发育也就更好。

因为女人大脑中的"白质"更多，所以她处理输入信息的方式跟男人不同。男人和女人接受单个字词的方式是一样的，但是听句子的方式不同。男人接受信息的时候，大脑只有一侧专门负责该区域的部分在工作，而女人接受信息的时候，大脑两侧的对应区域都在工作。这也就意味着，女人可以在同一时间里思考和感受，而男人则要分别进行。

听和说的时候，女人的大脑工作的区域更多。这并不是说她们更擅长沟通，这只是意味着沟通对她们而言更容易、更简单。

女人的雌性激素比男人要多，这会影响到她们心情烦躁时大脑中的神经元数量。这也是为什么女人感受到的压力比男人重的缘由。雌性激素同样会影响记忆和学习，因此她们对信息的记忆比男人更好，储存的时间也更长。

女人在遭受压力的时候会释放催产素，这会增进她们和其他人的联系。男人也会释放催产素，但通常都是在跟别人拥抱或是性爱时才会释放。女人喜欢跟其他人谈论她们遇到的问题，她们喜欢讨论怎样去解决问题，得到别人的共鸣，让别人了解她们的想法，这样感觉才会更好。而男人在交谈的时候则不会释放催产素，因此他们感受到压力时，不会跟其他人分享。

男人能分辨出比较明显的情绪，如恼怒和其他人用肢体语言或面部表情所表现出来的侵略性，但他人内敛的情绪如焦虑和恐惧则不太容易为他们察觉。而女人则更容易分辨出别人的这些情绪。[2]

沟通的问题就在于，女人处理信息的方式是由她的大脑构造和工作方式决定的，但她却认为自己的丈夫或男友也是按同样的方式思考问题的。毕竟，他们面对的是同样的事，那么为什么他的看法

男人是逻辑动物 女人是情绪动物

跟你的看法不同呢？女人这种想法的逻辑结论就是，男人只是太过固执、懒惰或是反应迟钝。他需要提高自己与人相处的技巧，这样沟通才会更顺利，不是吗？

错了。这不是行为习惯问题或个性问题，这是大脑的问题。女人只要感觉男人需要改变行为方式，那她注定会失败、沮丧。男人和女人的差异是真实存在的，因此，她需要找到恰当的方式去利用它们。

如果她不利用它们，那就像是在有了自己的房子之后还买了一套公寓房。公寓里有各种各样的规则，这似乎限制了住户的自由，因为有自己房子的人可以在自己的房子里做任何事。然而公寓里却有吵闹的邻居，空间要与他人公用，并且还有各种条例规程要遵守，以让大家相处和谐。这是公寓的缺陷，而且是真实存在的。优点则是当厕所马桶坏了或燃气不工作了，自有别人可以分担维修任务。

跟男人相处也有一系列规则，也让你觉得不自由。现在，你要考虑的不只是你一个人，而是两个人，如果两个人要学着协作，那就需要做出改变。两个人生活的优点是，一旦出现了问题，你不必一个人面对。

两个人生活的重心并不是争谁更优秀，而是要权衡双方的差异，并试着做出调整。所以说，男人和女人相处并不是要争论谁对谁错，而是要了解彼此的差异，并找到合作的方式，将两个人的生活合二为一。

不要相信媒体

观看任何连续剧或大部分谈话节目，你发现它们会刻意放大某种负面类型的男人，好像男人有这种特性是"众所周知的事"。在情感关系中，男人总是显得笨手笨脚的。女人爱他，遇到重要的事就要监督他。有男人相伴是很棒的，他们有他们的优点，但是做任何事你都要控制他们。他们看起来在情感方面比较迟钝，而且不知道该怎样满足女人的需要（甚至都不想去满足女人）。

媒体还喜欢把男人塑造成超级英雄，或者是长相英俊却衣衫褴褛的领袖型人物，他们为了成为挽救众生的英雄冒着巨大的危险去完成任务。

我咨询过一些男同胞，这两种类型的人都是不现实的。

男人当然都想成为拯救局面的大英雄——但基本都是为了他生命中最重要的女人。他知道，自己当然不可能拯救整个宇宙。不去让它毁灭，这种期待只能自己在家里想一想而已。与此同时，他也看到了那些给男人分门别类的节目，而且他不知道该对此做什么评价好。"我不是那样的，"他可能会说，"但我要怎么跟女人说，我跟那些节目里的男人不一样呢？"

媒体举出的那些类型都成为了"街谈巷议"——有大部分人相

信。不过说法却不够准确，让我们仔细研究一下这些传言。

男人之谜

让我们重新回顾一下以上所述的男人的不同传言。这些都是女人普遍持有（甚至男人自己也相信）的观点，如果一直持有这些观点，可能会影响男女双方的关系。这样，我们当然也就有必要去证实每种传言的虚实，因此，我们才能找到确切的方法应对。

传言1. 男人没有感情

这是最普遍的一种观点，也让男人们最感困扰。[3]男人们当然有感情，而且有时候是非常深沉的感情。观察赢得世界职业棒球大赛的棒球队，或者赢得美国超级杯橄榄球大赛的球队，你会发现，他们的喜悦之情完全是溢于言表的。取得胜利时，球队成员一起冲上前去，尽情地互相拥抱，一起大叫大跳，拍着彼此的肩膀，为了庆祝一起绕场奔跑。在比赛时，他们因为一起拼搏而结下的情感互相鼓励。

同时，男人对更加温和的情绪如悲伤、恐惧、焦虑和敏感也有感觉。事实上，大部分男人表面上看起来情绪无波动，其实内心没有安全感，这也会影响他们掌控生活的方式。

成长的过程中，男人受到的教育都是表现柔弱的情绪，显得不够阳刚，但表达强烈的情绪没问题。这并不意味着那些不太明显的情绪在男人的身上不存在。事实上，那些情绪更伤男人的心，因为男人并没有掌握表达这些情绪的方法——因此这些情感都被他们放在心底里。有时候，男人会将如悲伤这种情感转变成更加外露的情绪，如愤怒。

男人的感情很深沉，但有的时候，他们不知道该怎么表达。

传言2. 如果男人确实有情绪，他们也不想说出来

大部分男人的父亲都不擅长表达感情，因此男人也没有可以借鉴学习的榜样。他们从小就被教导不能把自己脆弱的一面展露给别人看。他们受到的教育就是要坚强，不能有依赖他人的想法。

大部分男人都不会要求指导或指示，这是他们掌控欲的延伸。他们也不想承认有什么事伤害了他们的感情，因为这样会让他们感觉自己很脆弱。如果受到了别人的伤害，男人通常会约对方决斗，而不是告诉对方受到了伤害。

女人更倾向于用语言表达感情，而男人更倾向于用行为表达感情。当他们的情绪很强烈时，他们通常会找一种切实的手段表现出来，如举重或者玩暴力游戏等。他们不一定是因为喜欢这些活动而来的，而只是释放情绪，这对他们而言也是放松的方式。

男人会把自己的情感告诉给其他人，只不过他们交谈的时间很短，说的也很简单。[4]

男人是逻辑动物 女人是情绪动物

"伙计，我真是烦透家里那些亲戚了。"他说。

"是啊，"他的同伴回应道，"我听说了，有时候亲友之间的事儿真是麻烦。"

"就是，我都不知道该怎么办了。你跟你的亲戚们相处也有麻烦吗？"

"噢，当然也有，不过随着时间过去，我们都释怀了。要想好解决的办法是需要时间的。"

"我也认为是这样。嘿，你看了昨晚的比赛吗，感觉怎么样？"

对男人而言，只要这样聊一两句就够了。不过，他若是跟女人聊自己的感受，那情况就大不相同了。她想了解他情绪变化的每一个细节，但他自己都说不清楚这一点。如果她执意追究，他就会躲避，或者沉默，或者恼怒。

女人说，她希望男人能够分享自己的情绪，男人则只会选择自己擅长的方式去表达。她希望他跟她分享比较温和内敛的情绪，而不要总是很激烈地表达情绪。而他对此又没有经验，因此他感觉她是在他只会开车的时候逼迫他开飞机。

我们之前提到过的一个理念有必要在这里重复一下：让男人跟女人分享情绪是很危险的，但如果他相信她，他会去尝试。如果她选择无视，或者忽略他的感受，试图在他还没有准备的时候就逼他就范，他就不会再跟她分享了。如果她对他多一份耐心，用的方式也合适，而且在乎他的感受，他以后会更愿意跟她一起分享。

传言3. 男人不懂女人，也不会尝试去理解女人

1995年，艾伦·弗朗西斯出版了一本120页的书，《男人所知的关于女人的一切》。[5]它很快就变成了最畅销的作品，而且二十年后销量依然不错。为什么它这么受欢迎？

其实书的内容都是一些空话。

男人确实希望知道女人的想法。但是，如果女人自己都不明白自己的意思，那么他就更不能明白了，他的愿望也会就此落空。如果她直接告诉他，他就会明白。他的头脑各部分关联性不强，因此很难领会她说的话背后的含义。

如果她抱怨说："我真是烦透了，我们都约好了，要到发薪水的时候才去买东西，因为上个月的钱都拿去修车了，而你又买了新的电游产品，这真是让人恼火！"他就能完全明白她的意思。但如果她说："你总是在我们没钱的时候恣意浪费！"这话他就听不明白了，因为他不知道她究竟是指什么事。

这并不是说他不想弄明白。如果你的话不够直接，他就没法把你说的话及其背后的含义联系起来。如果你同时说了很多问题，那么他就更难明白了。

传言4. 男人都更在乎自己的工作，而不在乎自己的妻子或女友

女人说："你的工作为什么对你那么重要？"在男人看来，

男人是逻辑动物 女人是情绪动物

这就是说他不应该把它看得太重要。他会认为："为什么它就不重要呢？"[6]

在工作中，男人会有归属感和价值感。他会期待成功、征服，他会为此而做准备，会为此而有好胜心，他一生都希望在事业上有所作为。付出了诸多努力，他就希望自己的投资会有很丰厚的回报。如果男人在工作上能力不足，那他的自尊心也就岌岌可危了。他想要做出重要的贡献，他渴望一鸣惊人。

男人根本不会将他与女人的关系和他的事业相提并论。他将它们视作生命中两个完全不相干的领域。对他而言，这就像在问一个小孩"你是走路去上学吗？还带午餐吗？"这问题本身就很荒谬。

如果这两个领域里有一个领域男人并不成功，那就会影响他在另一个领域里的表现。男人为自己的事业耗费了大量时间和精力，但这并不意味着他对工作更感兴趣，而对自己的女人不感兴趣。男人要不断努力在这两者之间找一个平衡点。这也是最耗费心力的事情——他两个都爱，并在努力给予两者同等的关心。

传言5. 男人害怕受到束缚

单身女性总认为男人害怕受到情感的束缚。对男人而言，这话的意思就是他对待感情不认真，总是希望享乐而不愿承担责任。女人居然认为男人这么轻佻，这让男人很苦恼，因为他知道自己其实是想承担责任的。有多项研究表明，男人比女人更渴望婚姻而不是孤独终老，他们也比女人更在乎家庭关系的紧密度。[7]

问题并不在于害怕情感束缚，他们只是需要时间确定情感。他们并不急于做出相伴一生的决定，是因为他们希望确认自己的选择是正确的。一旦他们找到了合适的女人，做出了这个决定，他们就会一直持续这段关系。他们对此谨慎小心是因为他们希望这段关系能够持久。

在做出承诺之前，男人要花更长的时间确认值不值得，这是因为他们想明白，随着时间过去，这段关系会发展成什么样。他们天生就明白任何关系都有"蜜月期"，他们希望能够快速前进，以便看看她会怎样跟他一起面对真实生活的考验。

换言之，绝大多数男人都希望得到"束缚"，而且是长期的"束缚"。因此他们要花时间确认是不是值得。

传言6. 男人不听女人说话

男人的大脑处理信息的方式跟女人不同。[8]大部分男人都希望知道自己的妻子或女友对事物的看法。男人希望能够简洁明了地说明，而女人则会把所有细节都罗列出来。

男人听女人跟朋友们谈论那些家长里短的小细节时，都试图抓住其中的重点罗列出来。如果纷繁的琐碎太多，他们的思想就像是凝固了一样，再也塞不进更多的信息了。他的头脑就像是被待机了的电脑一样，要等重启之后才能继续工作。

男人是逻辑动物 女人是情绪动物

女人则希望分享细节。男人却不明白这一点，因此，他们记不住那么多琐碎细节的时候，就会采取不予理会的态度。而在女人看来，他们就是不听你说话，不在意你的感受。

我的妻子将要跟一位久未谋面的朋友出去吃午饭。那天傍晚我问她："你们今天的午餐聚会怎么样啊？"如往常一样，她会从见面的时候开始说，把她们交谈的所有话题都告诉我，她们交谈的细节，以及她对交谈内容的感受，等等。要完全说完那次午餐的内容通常还要花十多分钟的时间。

我跟一个久未谋面的朋友聚餐，黛安就会说："跟我说说你们今天的聚餐呗。"我通常会回答："很不错。他过得挺好的。"她又问："那你们都说了些什么？"我努力搜集线索，但我的头脑里却空空如也。我跟我的朋友聚餐花了一个小时的时间，但我不知道我们聊了些什么——至少也没有那么详细。既然对话结束了，我的头脑也就把那些细节都清空了。对话结束了，我们也分别了，因此我现在就记不住那些细节了。

这么多年来，黛安和我都明白了交流时我们彼此的需要。当她详细阐述某次跟朋友聊天的细节时，我已经学会了倾听，让她自己说。我之所以这样做，是因为这些细节对我而言很重要，因为她对我很重要。我只要听她说话，我们就团结一致了。

同时，她也不会再因我没有把跟朋友聚会的详细内容都说出来而感觉受伤。她知道，我记住的东西不多。她的大脑会把发生过的所有事情都联系起来。而我的大脑只稍稍关注了一下跟我共进午餐的另一个人，但随后注意力就转到别的东西上了。

我不是一个愿意倾听细节的典范。为此，我学习了很长时间，但是进步缓慢。我发现，绝大部分男人也都没有到倾听细节典范的境界。我有时候也会因为忙着为妻子找重点而感觉不耐烦。但我也明白，当我们都允许彼此做自己时，我们团结起来才会更坚强。一旦我明白了倾听对她的重要性，我就会更乐意倾听。

如果男人沉默着听你说话，这并不表示他很烦。这可能意味着他听得很认真，因为他现在只能够倾听，而无法做出其他的举动来。如果他没有马上回应你，那是因为他回应之前还需要时间来思考。

如果你们的交流比较顺畅，你可以提出你的问题，两人仔细探讨。"你能帮我理一理问题吗？我跟你说我在思考的事情的时候，你总是不太说话。我之前以为那是因为你根本没有听。但我现在认为，这可能意味着你想得更加细致，只是你没有说出来。我很想知道你的看法。"

传言7. 男人总不告诉女人他在乎她

在表达感情的时候，男人用得更多的是行动，而不是语言。[9]他们也想要浪漫，但总觉得用语言表达显得不太自然。他们在说浪漫的情话时总是显得很拘谨（尤其是跟电视里的那些"领导"人物相比的时候），他们害怕说错话，因此他们转而用行动来表达。

男人是逻辑动物 女人是情绪动物

如果男人送花给你，这就是他在向你表达好感。通常情况下，若不是出于内疚，男人是不会送花的（但有时候也会）。这是他们表达"我爱你""很抱歉""我很想你"的方式，尽管他们什么也没说。他计划跟你出去旅行，这是因为他想跟你在一起。他给你修车，这是因为他想让你的生活更加便捷，他想要照顾你。

不要忽略这些行为，不要认为他们没有曾经承诺过的那么好。他们说话的时候请认真聆听，但也要明白，无论他做出什么行为，都是在表达他的心声。

传言8. 女人难过的时候，找男人是没用的

有些男人说："起火的时候，女人其实不希望你去救火，她们希望自己燃烧的时候，你能陪她们站在火堆里。"男人想要救火，而女人则不想一个人面对熊熊大火。一段健康的关系要持久，就应该做到顾全大局，不能只考虑各自的观点。

当男人让女人感到难过的时候，男人是很关心的，但通常他们都不知道该怎么做。他们想要挽回，但不懂得用恰当的方式表达情绪。

女人感到难过时，如果他没安慰她，没有满足她的需求，她就会认为男人不在乎她，那这段关系就会出现危机。更好的选择是给予他所需要的"工具"。她可以用一种他能够理解的方式提醒他，自己究竟需要什么。

他看到你在哭，而又不知道该怎么做的时候，就给他一点提

示。"我哭是因为……（请尽量用一个句子说明情况）。我不需要你帮忙，但我想要跟你在一起，请你抱我几分钟——然后我们一起出去吃饭。"

这样，你的需要就能得到满足，你也给了他一个机会让他来帮你解决问题。这就是团队合作的方式。

这也是双赢策略的完美范例。

第十章

沉默的伴侣

/ / / / / / / / / / /

　　我的儿子蒂姆能说一口流利的西班牙语。大学毕业之后，他的工作就是管理餐馆，他最初接触西班牙语就是在餐馆厨房工作的时候。在圣地亚哥城，他开始经营一家餐馆，他的所有员工都是西班牙人。他学习基本的交流技巧，因为他需要跟他们交流。

　　他很关心他们，希望了解他们的文化和语言。因此他辞去了工作，去墨西哥住了六个月，学习进一步的语言培训课程。在那里，他学会了西班牙语的语法规则，为后来的工作打下了良好的基础。

　　学业结束之后，他继续在墨西哥住了一段时间，在一个基督教的集会中心做志愿服务的工作。那给他提供了一个在西班牙人社区生活的机会，他每天都要使用他们的语言。这一段经历让他的西班牙语说得非常流畅。

　　蒂姆爱上了说西班牙语的露西的时候，我们夫妇俩也决定开始学习西班牙语。蒂姆和露西正是在那个集会中心认识的，五年之后，他们步入了婚姻殿堂。婚礼在墨西哥西部城市瓜达拉哈拉举行，我们希望，去那里参加婚礼的时候能跟她的家人和朋友们交流。因此，我们买来了西班牙语的学习光盘，开始听。

我们学了一些简单的西班牙语单词，这让我们能够跟新的家庭成员交流。这是一个很棒的开始，让我们用最基本的语言聊天。这可能也会给他们增加一点笑料，因为我们说得磕磕巴巴的，一点也不流畅。

蒂姆能够说流利的西班牙语，是因为他过去在西班牙人的社区中生活过，而现在，他会跟每天接触的西班牙员工交流。而我们只是听过一点光盘，因此还不会说西班牙语。我曾经问过一位精通两种语言的朋友："你是怎样学会另一种语言的？"他说："你要经常想那种语言，并经常运用那种语言。"

跟"聋人"交流

跟男人交流的时候，你总感觉两个人说的是不同的语言。你说的是一个意思，而他们领会的却是另一个意思。你想要跟他交流，而这种"交流"变成了"断片儿"。

男人和女人是相爱的，因此遇到问题的时候，他们都希望能找到解决的办法。因为他们的头脑运作的方式不一样，所以他们也会各自用不同的方式去找寻。女人更倾向于用交谈来找到解决问题的方法，用语言去描述发生的状况，去揣测可能导致的后果。而男人则更倾向于用思考寻找解决方案，思考的时候他们通常保持沉默，因为他们不知道该说什么。他们不知道该怎样回答女人的问题，因此就什么也不说。

两个人都想要解决问题，但使用的方法却不一样。如果他们不了解彼此的这一点差异，他们就会对彼此感到恼火。

我们已经明白了那种"坚强而沉默不语"的男人。以往的西方电影明星，如约翰·韦恩和克林特·伊斯特伍德就是这种类型的。他们的话不多，然而他们坚强的个性和特立独行的行为让剧场里的女观众们为之倾倒。

女人一开始可能会痴迷这种沉默所表现出来的气质，然而，真正的交往中，随着关系逐渐巩固，她总会感觉失望。"他从不跟我说话，"她抱怨道，"他不让我知道他的心思。"

许多男人都用错了沉默这种"语言"。对某些男人而言，沉默只是偶尔才发生的。而对某些男人而言，这已经成为一种习惯。对所有人而言，沉默会阻碍交流。当我们不知道别人在想什么时，我们总会从我们自己的视角去想象别人的思想，我们认为，他们跟我们想的是一样的。

然而，他们跟我们想的不一样。

如果女人想要跟男人进行有效的沟通，那她就得懂得他的语言和思维方式。她也要学习沉默这种"语言"，学着了解当他保持沉默的时候，该怎样跟他沟通。

男人为什么不说话

男人倾向于保持沉默有很多理由。有些是故意而为之，而有些则是他自己都没意识到。他们保持沉默不都是合理的，却是他们内心的真实反映。

他不知道该怎么回应。当女人问男人他对某个事件怎么看的时候，他可能根本都没有想过这个问题。如果他之前确实思考过，那他现在的思维可能就转移到其他地方去了——因此这个问题不在他的"雷达"搜索范围之内。他感觉他应该做出回应，却不知道该说什么。

由于他的大脑一次不能关注太多事物，因此他很难跟上你的思维。而他又不想表现出自己跟不上你的思维，于是他不再说话了。久而久之，这变成了他应对问题的策略，他也逐渐养成了这种习惯。这其实意味着他已经不知所措了。

他感觉受到了攻击。当男人觉得很想说点什么，又不知道该说什么的时候，他感觉自己成了狩猎活动的猎物。他认为，女人有对付他的武器，而他什么防护手段也没有。这种境况跟他所想象的正好相反，因为他希望的是获胜和成功。在这种情况下，沉默就变成

男人是逻辑动物 女人是情绪动物

了他胆怯的象征。

他是个内向的人。我们在下一章里将详谈这一点。由于内向的人思想更加深沉，他们就不会将想法公之于众。他们将得到的信息放在心里，他们需要时间来独自思考。只有思考过后，他们才会分享自己的想法。试图揣度他们的思想就像不给车加油就去开车，只会徒劳无功。

他不能快速整理信息。因为女人的大脑构造更加复杂，而且拥有更多雌性激素，因此任何问题她们都能更快地"归档"。她们的记忆力更好，因此也更容易找出之前的类似经历做对比，以形成自己的观点。男人有时候感觉到恐慌无助，因为他们不知道该怎么跟上女人如此复杂而快速的思维。因此，他们以沉默来进行对抗。

他受到的教育是，"沉默"就意味着"阳刚"。各种媒体总会诱导男人，称他们表达情绪、表露感受不是"阳刚"的表现，那些看着他长大的人们也会这样教育他，如果他情绪和感受表露得太多，朋友们就会嘲笑他"娘"。因此，当他跟女人交往的时候，他会担心如果自己不够阳刚，女人就会不喜欢他，因此他就保持沉默，以免女人讨厌他。

他想赢，而沉默会帮他取胜。跟女人交谈的时候，如果他觉得占不到上风，他就会保持沉默，以免被女人击败。这听起来很荒谬，因为女人甚至都不知道自己在跟男人对战。他也不知道这一点，他不想在争论中胜过你。他希望知道，讨论的结果是双赢的，这样他最后才有获胜的感觉。

他想要尊重你。在情感关系中，大部分男人都想要表达对女人的尊重。如果他们是受这种教育长大的，那这就是他们的行事原则（但也有人遵循的原则跟这条不一样）。即便交流的过程中会生气，他们仍然希望能尊重女人。他思考过问题之后，又不想做出让自己以后后悔的回应，因此会觉得很有压力，所以为了保护这段感情，他选择了沉默。

他希望你快乐。大家都听过这样一句古老的谚语："如果妈妈不高兴，那就没有人会高兴。"这句谚语描绘的是这样一种场面：一个恼怒的女人将自己内心的不满传播给了周围的每一个人，而她的丈夫却只能一直保持沉默。这真是个令人遗憾的场景。男人们都真心希望给予女人最好的呵护。

他确实希望你快乐——在你感到心烦的时候，他保持沉默，是因为他真心在乎你，担心自己不恰当的语言会惹恼你。他希望自己的妻子或女友明白，她的情绪对他的影响有多大。沉默成为避免痛苦和麻烦的不为人知的策略。如果他不说话，他就不会有惹恼你的风险。通常情况下，保持沉默是不恰当的行为，却是男人普遍使用的策略。

沉默已经成了一种习惯。如果实在没有其他人可以帮忙，男人就会绞尽脑汁想任何可能的解决方式。如果在寻常状况下沉默能够解决问题，以后他就不只是选择性沉默了——沉默就变成了他的习惯。

男人是逻辑动物　女人是情绪动物

学着像男人一样说话

如果你跟我说英语，而我只会说西班牙语，我就不会理解你想要表达的含义。即便我想了解，我也没有办法做到——因为我一点也听不懂你的意思。我不知道你是在给我什么提示，还是在问我什么问题或意见。我很困惑。那我该怎么办？我就会保持沉默。

我的沉默并不表示我很倔强、不讲理、难以对付，或者表示我"是个男人"。我只是不明白你在说什么。如果你以为我有什么动机，你就是在假想——而这些假想很可能都是错误的。

如果我们想要交谈，那只有两个选择：

1. 我可以学英语。

2. 你可以学西班牙语。

当然，如果我要学英语，那跟你沟通也会更容易。但作为男人，我认为这需要花费很大的功夫。我还要确认，我得到的回报值得我去付出努力。

这听起来不公平，因为我跟你的关系就让我付出足够的努力，不是吗？为什么是我要成为懂得双语的人？

但如果你也学了一点西班牙语，我们就可以开始建立联系了。我会很享受这个过程，并发现它的价值。结果，我就会更倾向于听英语光盘，开始自己学习。换句话说，如果你先开始学习我的语言，我也会受到激励。

这就是男人的思维。

除了采取主动交流，我们还有其他方式能让双方的交流变得更容易。例如，男人不会去记住他们跟别人交谈时的细节。女人只要一起聊一个小时，就能知道彼此对化妆的品位，彼此的背景，彼此带孩子的经历以及兴趣爱好，等等。而男人们花四个小时一起去河边露营，在同一个帐篷里共住了两晚，却记不住他们交谈的任何内容。

男人们分享的是经历，而不是话语。经历才是他们的语言。那意味着，他们更倾向于为心爱的女人做事，来表达他们的关心与爱，而不是通过语言来表达。他也可能会把自己对她的感情告诉她，但是说这些话的频率却没有她想象中的那么多。

在本章的前文里，我们就讨论过这一点，但在这里我们还是有必要重复一次。女人要明白，男人更愿意用自己的行动而不是语言来表达他们的关心，因此她应该仔细观察他为她所做的事。如果他在她起夜时给她送水喝，或者为了给她惊喜，周六早上替她洗车，她应该明白，这是他表达"我爱你"的方式。最恰当的回应（这能让他以后继续这样做）就是向他真诚地表达谢意，就好像他亲口跟她说了"我爱你"一样。

交谈的技巧

"跨文化"的交流需要主动挑起话题。如果你想用一种他能够明白的语言跟他交流，我在这里给你一些"语法"建议。

1. 放慢说话的速度

男人处理信息的时间比女人要长，因为女人的头脑能够很快将各种信息串联起来。而男人一次只能关注一个信息点，因此如果你说话太快，很快就会把他扔在后面。

要记住，如果男人没有马上做出回应，那并不代表他没有听你说话。事实上，那可是意味着他很用心地花时间在听你说话，在做出回答之前，他还需要时间思考你说的内容。不要逼他，让他用更多的时间，去把他要表达的意思转化成语言。

如果你因为他反应时间过长而不耐烦，请你稍等一会儿。不要去打破沉默，只要等着他开口就好。那种沉默就像是吸尘器，因此，你需要抵抗住压力，不要太快打破它。

你应该这样想，好的，只不过多花一点儿时间而已。这就对了。男女相处的时候，最忌讳的就是不停地聊天。跟人高效地交流通常要放慢交谈的速度。真正的信任是在真实的情感中建立起来的，而真实的情感关系则需要时间去浇灌。深沉的、有意义的关系就像一锅鸡汤，是需要慢慢熬炖才能入味的，而不是用微波炉加热就能煮出来的。

相处的时候想要两人的关系一气呵成，就像是想让刚学步的小孩学做微积分。这不代表他不能，但他需要学习，因此要让他去做，还需要时间栽培、教育。

2. 情绪激动的时候不要去处理他沉默这个问题

逻辑和情绪就像是油和水一样。你们争论到情绪激动的时候，是不适合讨论你们之间深层的问题的。那些强烈的情绪会削弱我们客观看待事物的能力，最终让我们说出言不由衷的话，或者做出破坏我们正常交流的行为来。这不只是"男人"或"女人"的问题，这是一个关于情感关系的问题。

如果你家里着火了，那此刻就不是争论谁没有关火炉的时候。这次的争论你可能会取胜，但你也失去了房子。优先处理目前的问题，然后再去追究问题发生的原因。

如果你丈夫或男友的沉默让你觉得讨厌，逼迫他做出回应只会激化矛盾。更有效的处理方式是，告诉他他的沉默对你产生了怎样的影响，并找一个合适的机会问问他为什么保持沉默。

你可以说："我现在真的很烦，因为我们现在在想办法解决问题，但我感觉你心思根本不在这里。这个问题对我很重要，我希望知道你的想法。"这种话很诚恳，而你也给了他所需要的尊重。你没有指责他，只是在告诉他你的感受，让他明白，你在意他的看法。

如果你想了解他的想法，就要用一种对他有效的方法，而不只是对你才有效的方法。不要说："我们现在可以坐下来讨论一下这件事吗？"对他来说，这就像是进了上司的办公室一样。相反地，你应该问："我们什么时候可以去星巴克（或者其他他喜欢去的类似的地方）聊一聊这件事？"这会让你们的沟通顺畅，没有阻碍。你们要去的是他喜欢去的地方，这让他感觉到了"被爱"和尊重。这样，他就更愿意告诉你，为什么你们交谈的时候他会保持沉默。

当他告诉你他的想法时，不要打断他，只要倾听便可。不要对他有所戒备，或者用他不明白的方式测探他的想法。让他自己告诉你。如果他感觉到轻松，他就会给你提供一些有价值的信息。不要想着一次就能把所有问题都问完。让他先跟你分享一点，然后几周后再去一趟星巴克让他再说一点。这样，他才会有安全感，这正是他在分享想法的时候所需要的。

3. 允许他延缓时间

这一条其实是上一条的延伸拓展。你不用总是逼迫他马上回应。你们在星巴克交谈的时候，让他知道，你意识到了他对独自思考的需求。然后你可以决定采用一种你们两个都能接受的方式，让你们以后继续交流。

我认识一对夫妻，他们就协商好，当他不知道该说什么的时候，他只要说"给我三十分钟"或"给我一个小时的时间"，她则同意将双方的交流延迟到他所说的那段时间结束，而他也保证，他还会跟她继续交谈。这对他们而言是一种有效的方式，因为它满足了双方的需要。他们还发现，在这段空隙里，他们的坏情绪会逐渐消散，而他们再次交谈的时候也会用更尊重对方的态度。

你还可以将谈论的时间延缓几天。你可以说："我知道你需要时间思考，但我真的不愿意把这件事就此略过。那么，给你几天时间，让你先好好想一想，然后我们再来谈好吗？"他可能还是不愿意，但是，你是用一种尊重他的方式跟他在交流，这是他需要的。

4. 说出你的需要

男人总是希望找到问题的解决方案。如果你是想找解决方案，直接问他，你该怎么做（他会很乐意解答）。如果你是对某些想法犹疑不定，需要仔细思考，那就直接告诉他。"我希望你帮个忙，"你可以这样说，"我需要好好想一想这些方案。你能够帮我理一理思路吗？我不需要确定的答案，但如果能有你帮忙那就再好不过了。"

这种说法会让他感觉到你需要他，而且你没有要求他马上给你解决方案，这也是对他的尊重。你们交流之后，你可以问问看，他对最佳解决方案的看法。你真的很想听听看，因为他花了时间听你说话，而不只是"解决问题"。

5. 不要问他的感受，而要问他的看法

他知道该怎么表达看法，但不知道怎么表达感受。这两个问题他的回答可能是一样的，但你已经从他的话里听出了差别。

学着倾听沉默

女人最大的烦恼之一就是她们的丈夫或男友不说话。这很容易让她们认为，男人很难对付、很难沟通，并且会用这样的观点来看待他。这也更加夸大了我们之前所讨论的各种类型的男人。

而解决这个问题的办法不是让男人说得更多。而是要了解他们的语言和交流风格，并针对他们的个性想出恰当的方法。如果你允许男人用男性的方式处理信息，而不是逼迫他们用女性的方式表达，他们就可能变成最好的交流大使。

他们会成为那种既坚强又沉默的人，而且还懂得怎样赢得女人的心。

第十一章

没有硝烟的战场

/ / / / / / / / / / / / / / / / / /

网上关于愤怒的语录是铺天盖地的。

让一个愤怒的人冷静就像给猫施洗礼。

生气的时候不要上床睡觉。别睡，而是密谋复仇。

我生气的时候你觉得我很酷吗？那，请你做好准备，因为我的脾气要爆发了。

恼怒让你的嘴比你的头脑运转更快。

大部分语录都是很明智的，但没有提供化解恼怒的办法——这不是我们所期待的。更令人感到诧异的是，现在并没有太多关于控制夫妻交流中的矛盾冲突带来的坏情绪的研究调查——至少是没有像情感这样的类型多。

这真是不幸，因为夫妻冲突在家庭中是普遍存在的。我们都有

男人是逻辑动物 女人是情绪动物

过这种经历，也听说过其他人的类似经历。我们最在乎的情感关系中爆发矛盾冲突的时候，我们需要一些工具来将这些矛盾冲突分门归类。

跟一个生气的人争论会很累。他们太过恼怒，而这种情绪难以消失。如果试图跟他们交谈，我们会觉得疲劳。过了一会儿，我们就会感觉需要离他远一点，让他"冷静冷静"。

如果生气的是男人，那问题可能更加麻烦。因为女人的大脑构造更加紧密，所以她们在心底里已经把所有信息都联系到了一起，她们试图全盘地看待所有问题。而男人的头脑构造比较简单，他们只能一对一地看待那让人讨厌的事情——他们认为那真的很讨厌。他们不总是能明白那个让人讨厌的人在做或者在说什么，他们只是觉得恼怒，并认为那个人需要修理一顿。

有人对男人典型的恼怒方式做了如下概括："如果女人学着聪明一点，我就会控制我的怒火。"如果有人惹恼了他们，他们只认为那个人才是问题的关键所在。

我们都会生气，这是人共有的情绪，而我们都是人。因此，有人说"噢，别这么生气"的时候，他们真正的意思其实是："噢，不要露出人的本性。"

两个人相处的时候，如果发生了冲突，那他们就会生气。两个人对同样的事有不同的看法，如果这件事很重要，他们就会试图解决。但如果两个人都认为自己是对的，他们就听不进彼此的意见。

相反地，他们都认为有必要提醒对方，对方错了，对方需要改变。结果，对方就会生气。

冲突如果让其中一人放弃争论，那它就不是好事。当发生这种情况的时候，双方的恼怒会增加，而他们交流的障碍也会增大。然而从本质上而言，当两个人的关系日渐增进的时候，冲突才会发生。如果他们忠诚于感情，那有益的冲突会让这段感情得到巩固。

从这个定义上而言，没有冲突的关系是不健康的。有人说过，如果两个人对所有的事情看法都一致，那么，其中一个人就是不必要的了。这不是关于谁对谁错的问题，在相处的过程中，我们要从彼此的差别中汲取营养，并找到有创意的方案，来帮助我们从彼此的视角来看待问题。

这是一场没有硝烟的"战争"。

处理冲突的不同方式

因为一罐沙拉酱调料，戴劳跟妻子康妮发生了争吵。她之前问过他需不需要带一点调味品回来，他回答"牧场沙拉酱"。然而她带回家的是一罐"浅色"的调料，而不是他真正想要的调料。她认为色拉酱调料跟牧场沙拉酱没什么差别，而且减少了卡路里（热量）的摄入。

男人是逻辑动物 女人是情绪动物

"你疯了吗？"他吼道，"这不是牧场沙拉酱，吃起来就像化学药剂一样。如果我需要假的牧场沙拉酱，我会直接说明是假的牧场沙拉酱。"她感觉很受伤，因为她只是希望他们能够健康饮食。他感觉很恼火，因为她没有按他说的买。

起初他还大吼大叫，后来他冷静下来，不再吵闹，转而去看电视转播的球赛。她试图跟他谈一谈这个问题，然而他太生气了，不想回应。他们因为沙拉酱而让交谈陷入了冷场。

她不知道该怎么办，因此她打电话给她最好的朋友琳达一起商量。琳达听她说了状况，然后说："我让马特来跟他谈谈吧。他们喜欢一起玩——也许这样他能劝劝他。"

而马特却跟琳达说："你疯了吗？想都别想。那是他们的问题，不是我们的问题。管都不要管。"

这是各种调查研究中一个极好的范例：男人和女人在面对冲突时的表现是不一样的。女人用她们头脑里的"白质"想出了一系列化解矛盾冲突的策略。如果她们不知道该怎样让自己的男友或丈夫跟自己一起解决问题，她们就会向朋友请求支援，让她们帮忙出个主意。她们总是想着另一个人的感受，因此她们总希望能尽快解决问题。如果她的丈夫或男友不合作，她就会感觉失望。

跟女人发生"战争"的时候，男人总会觉得很无力，因为他认为他的"武器装备"不够多。她总能把不同的事物联系起来以便找到解决方案，并且会一条一条陈述出来。而他的关注点却很单一，他没有那么多选择，也感觉自己"技不如人"。他的头脑只关心取胜的次数，因此他并不会把强烈的情感当成必备的武器。

我们都明白了男人和女人面对冲突时的不同态度，谁的态度比谁更好，也没有确切的答案。他们只是不一样而已。避免冲突不是关键所在，因为冲突是情感得以巩固的基础。如果夫妻俩不能一起讨论问题，那他们只会更加讨厌彼此间的感情。

关键之处在于，要学会如何在冲突中交流，而且是用解决问题的态度交流，而不是彼此攻击。如果两个人能够通力协作达到目标，他们就能够掌握沟通的技巧，帮助他们应对最激烈的冲突。

没有人希望让自己过得好而让别人过得不好的。情感关系需要的是相互合作，而不是分道扬镳。

在冲突中试着了解男人

"他不过是按男人的方式行事罢了。男人都那样。"

这是一种对男人的普遍评价。这个观点认为：

1. 所有男人都有某种共性。

2. 这些共性都是消极的。

3. 女人只能接受这些消极的共性，因为男人生性顽固，不会改变。

男人是逻辑动物 女人是情绪动物

确实，要改变任何人都非易事。然而，把所有男人都划归一种类型会让女人难以发现他们丈夫或男友的个性，更不用说针对他们的个性行事。

多年来，为了更好地了解研究对象，研究者们建立了不同的模型来观察。这些模型用说明描述、颜色、动物及其他事物作为标签。在不同的场合下，大部分模型都能够很好地反映各自所代表的特征。

在写本章内容的时候，我也试图弄明白，女人试着了解男人的时候，最好的方式是怎样的。尽管不同的方式都很有用，但我就是找不到最合适的那一个。我决定用以下两种更好的方式让女人去了解男人，它们从最简单的观察视点来看待男人，在大部分冲突过程中，这两种方式都能有助于女人。

一种跟男人回应的方式有关，而另一种则跟他的脾性有关。混淆这两种方式就不能得到具体的答案。当然，它们也不是了解所有男性特征的方式，但与男人处理和面对冲突的不同方式相关。

两种不同的回应方式

首先，让我们看看男人是怎样做出回应的。在实验中，我通过不同的场景观察到男人表现出来的急躁或焦虑。那些急躁的男人遇到失望时，情绪能量也开始激增。他们自然会继续前进，去应对那些艰难的局面。他们从不沮丧，他们的控制欲被激发了起来。情绪能量不断增加，这也为他们的思考和回应提供了能量。[1]

那些表现出焦虑的男人面对同样的境况，情绪能量也在逐渐增加，但这种能量跟上述的能量不一样，这种情绪让他们避开矛盾，让他们产生了防御心理而不是对抗心理，他们会考虑这场谈话可能导致的任何糟糕的结果，担心这种结果会给他们的关系造成影响，于是他们避开冲突，选择撤退。这是一种消极的态度，而这种局面更让人无法接受，焦虑的男人担心的是那些消极的可能性，而这种担心也影响到了他们的内心。

急躁的男人选择面对冲突，而焦虑的男人则选择避开冲突。

两种不同的脾性

与此同时，男人还有两种不同的脾气个性：内向型和外向型。之前的书里，我已经提到过这两种人，因为了解脾气个性是一种很简单的理解人类行为动机的方式。

"内向型"的人跟"害羞"的人不一样。我是个内向型的人，但我很爱热闹。说话是我的工作，我整天都被人们包围，每一天都是这样。但当我长期处在人群中时，我的能量会消耗完。我很喜欢跟人们在一起，但我发现，我们交谈的时间越久，我的能量就会越来越少。到了某个时间点，我不得不抽身离开，去恢复能量。内向型的人独处的时候就是"充电"的时候，跟人相处的时候就是"耗电"的时候。

外向型的人有的性格开朗，有的幽默稳健，但他们跟人相处的时候也是充电补充能量的时候。跟人相处的时候，他们活力四射，但如果孤单的时间太长，他们就会失去活力。他们大声说出自己的想法，以理顺自己的思维，而内向型的人则是在独处的时候理清自己的思维。简而言之，内向型的人说话之前会先思考，而外向型的人说话的时候也在思考。

外向型的人通常很难理解内向型的人的沉默，总认为对方如果能够"改变"他们沉默的个性，他们与人交流沟通的过程才会更顺畅。内向型的人只喜欢独自处理信息，这是他们处理信息的唯一方式。

让内向型的人跟外向型的人建立关系，这段关系就会充满挑战和变数。任何人想要获得稳定的情感关系，都要学会尊重并重视对方的脾气和个性。对女人而言，这也是理解男人、用男人的方式与之交流的最便捷的方式。

四种类型

将两种回应方式和两种脾气个性综合起来，我们就能划分出四种大致的类型：

1. 急躁的外向型男人

2. 易焦虑的外向型男人

3. 急躁的内向型男人

4. 易焦虑的内向型男人

任何男人都不可能正好完全符合以上类型的定义。跟已经出现的那些实验相比，这样的分类并不那么科学。这只是在女人确定男人行为动机，并决定如何应对时帮助女人理清思维的一种简单的方法。

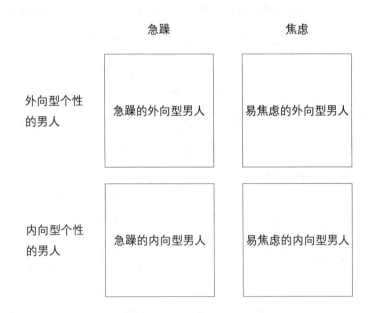

1. 急躁的外向型男人

这种男人生性好斗，敢闯敢做，坚定而自信。女人如果跟这种人结合，会感觉很有攻击性，因为他总是表现得来势汹汹，而且很直接。这种类型的男人总是直面冲突，而不是逃避。他不是个很好的倾听者，因为他的时间都用来命令、发话了。要面对他很麻烦，因为他看起来非常关心问题，而不是关心一起解决问题。

外向型的男人一边说话一边思考。这并不是说，他就坚定地相信自己所说的话。他可能是相信的，但他其实是在大声地测验自己的话。最重要的是，不要被他吓倒，当你明白他究竟在做什么的时候，就更不怕被他吓倒了。你不能改变他，但你可以试着理解他。你要明白，他此刻正在说的并不是他的最终决定，可能第二天他就改变看法了。

既然他大声地说出了正在想的事情，那就跟他一起讨论，就他说的内容提出问题。不要强烈地反对他的思想，因为这还只是暂时的想法。你的提问能够帮他理清思路。

2. 易焦虑的外向型男人

这种男人对待任何事都可能会叫："天要塌啦！"他们总是认为，一切都可能变糟，这样就很容易陷入消极的思维之中。面对这种男人时，女人就容易成为救世主，因为她总是为他消极的、不合理的想法而忧虑、担心。

一遇到事，他就马上说出自己的想法。这些想法并没有经过时间的印证，是很冲动、很本能的，甚至还只能说是空想，而他说出来的时候，态度貌似很坚定。要当心，不要让他把你也变得焦虑不堪，当他对自己的想法非常肯定的时候，你不要马上用理智去反驳他。这样做，你才是在关心问题，而不是关心你们之间的关系，这也能让他更理智地看待问题。

认真地聆听，关心他的感受，关注他想表达的真实含义，而不是探究他说的话是真是假。等到恰当的时间再去关心实际的问题，只要说："听起来你是真的很关心这件事，是这样吗？"

3. 急躁的内向型男人

这种类型的男人需要独自思考。他们在冲突中有强烈的情绪波动，但不知道该怎么表达。他们所表达的主要情绪就是失望，通常，其外在表现就是生闷气。他们试图解决问题，但他们却因为自己的思想无法起作用而恼怒。他们的情绪是真实的，不过，冲突发生的时候，他们却不知道该怎么把情绪用语言表达出来。如果你想用一两句话就打消他们的情绪，他们可能会变得更气恼。

你要知道他的这种情绪，而不是试着逼迫他对你做出回应。让他知道，你明白他的情绪有多么强烈，并给予他思考的时间。"我知道你很恼火，"你可以这样说，"你对这件事真的感到很气愤。我虽然想知道你的想法，但我猜你应该需要时间好好消化消化，不是吗？"

这种话让他有安全感，既考虑了他的感受，也没有逼迫他说出自己的想法。如果他觉得合适，那他在情绪调整好之后，你自然可以去问。"我们抽空仔细想想整件事，然后今天晚上再来谈好吗？我真的在乎你的看法，这对我们一起处理这个问题也很重要。"

4. 易焦虑的内向型男人

除非你知道他们内心的想法，不然你会觉得他们很难应付。他的情绪完全内敛，你从他们脸上看不到任何明显的情绪波动。由于他不喜欢冲突，他就更倾向于避开冲突。他不想跟你起冲突，而谈他的感受很可能会爆发冲突。因此他认为他需要独自处理情绪，而不是跟你一起面对问题。想象一只乌龟把头缩进壳里以求自保的画面吧，这种类型的男人就像是那只乌龟。

要记住，他还没有花时间去处理他的思绪。如果你在他还没准备好的时候逼迫他，他就会退缩。从你的视角来看，这可能就是他不关心、不介意的表现。这让你感觉恼火，因为没有你的逼迫，他从来都不主动做出反应。

事实上，他的情绪非常强烈，然而他把它藏在心里，并不外露。你最好是了解这一点，然后给他提供他觉得合适的机会。他想要感觉到，你并没有试着操控他的言行举止，而是向他展示了你的尊重和在意。"我知道这对你很重要，你可能也需要时间处理问题，是吗？"你可以这样说，"我知道，应该让你理清自己的思绪。但是要记住，你不是一个人在战斗。我们是一个团队。我们一起花时间好好思考一下，然后烤一点牛排，吃过之后再去散散步，顺便好好聊聊，怎样？"

维稳的策略

没有什么完美的策略能解决你和你的丈夫或男友相处过程中的每一场冲突。这些策略只是让你在面对冲突的时候掌握主动权。你的心是柔软细腻的，这是无价之宝。你的头脑要让你在冲突爆发时，将你丈夫或男友的情绪当作重点关注的对象，而不是将自己的情绪看得更重要。

在冲突过程中，当你的男友或丈夫与你表现得更加不同时，那你就会陷入被动。但如果你了解他，冲突反而能拉近你与他的距离，认识真实的他。学着了解他独特的个性，专注于共同解决问题，而不是彼此对立冲突。

在冲突过程中要怎样跟男人交流？要动用你的头脑，而不是你的情绪。如果你用"心"做主导，那你就会读不懂他的头脑。如果你用"头脑"做主导，你就会进入他的心中。

男人都有好胜心，但那不必以你输为代价。"双赢"跟"我赢"是一样会让他们感到满足的。在内心里，男人希望跟你一起赢。他选择跟你开始一段感情，是因为他重视你。他希望你赢，但如果他自己输了，那他可不会满足。如果你尊重他的好胜心，那他就会愿意陪你一起走下去。

以下是一些策略，告诉你该怎样在冲突爆发时给予男人安全感：

不要太过逼迫他说出自己的感受。让他自己慢慢体会，他会让你了解他的心思的。

冲突时交流要简洁。如果你说得太多，男人会感觉很压抑，无法集中精神。他会感觉自己在一个避弹坑里，每一个角落里都有枪炮在对准他。如果他有了这种感受，他就不会让你进入他的避弹坑里。

在分享自己的想法时，多用"我"为主语的句子，少用"你"为主语的句子。"我们交谈的时候你总是不开口。"这样的话会让男人感觉遭到了攻击。"我们交谈的时候，我总是觉得累。"这种话更恰当，而且能让他卸下心理防线。不要说"你不知道吧，是吗？"这种话，试着说："我希望我能把话说得更明白一些。"

不要暗示他错了。关注究竟有什么问题。可能他也有错，但受到指责的时候，他可能不会承认。

冲突发生时不要牵扯太多。你跟你的男友或丈夫处理难题的时候，你可能正好在清扫厨房，但他会觉得你思想不够集中。他简单的头脑一次只能关注一个问题，这意味着，他需要你跟他有眼神接触。如果你不确定，问问他，是否需要你坐下来跟他谈谈。

如果只是坐着认真聊天，大部分男人还是会感觉不好。他跟你一起出去散步，或者去吃点心，顺便聊聊你们的问题，这样他才更有安全感。你们一起散步的话，他可能更容易表达他的思想，因为这是活动——这样他就不用直视你的眼睛了。一起开车出去也能达到同样的效果。

交谈的时候看着他的眼睛。性格外向型的人说话的时候总是跟人眼神接触，而倾听的时候则不太用眼神接触（因此看起来他们像是没有在听你说话）。而性格内向型的人则恰好相反。他们倾听的时候总是用眼神接触，但说话的时候却一直看着别的地方。

不要用批判的话开始交流，如"你从不听我说话，我们得就此好好谈谈"。相反地，用一种你希望一起解决问题的方式来开始话题，如，"我想就某件事听听你的看法，"你可以这样开始，"我先跟你说说我的想法，然后你再告诉我你的？如果我能知道你的想法，我想我们应该能找出对我们而言都合适的解决方案。"

冲突就是情感更新的成长阶段。这无须避免，我们只需要了解彼此内心的想法，并为合理沟通提供一个安全的环境。

从双方的利益出发。可能你认为他想要不计代价赢得胜利，那是因为发生冲突的时候，你将你们当成了两个不相干的个体——你想争出个谁对谁错来。你自己判断哪些冲突值得一战，什么时候你可以妥协或者不妥协。如果真正有什么问题，你应该找出能够满足你们双方的解决方案。

当你学会了既能解决冲突又不引起新纠纷的技巧，就为你们情感关系的健康发展提供了稳定的基础。

男人是逻辑动物 女人是情绪动物

第五部分

他是怎样成长的

我还是孩子的时候，很喜欢涂色。

我有很多涂色书，但我也喜欢在白纸上涂涂抹抹。我有一个圆形的、红白相间的锡制蜡笔盒，盖子很紧。大部分蜡笔上的标签都扯掉了，只剩了短短一截，因为它们的使用频率很高。保存最好的大都是黑色、棕色和白色——这些颜色我不经常使用。

这很有趣，但我感觉我的创造能力很有限。当你拥有的彩笔不多时，你当然不可能创作出多姿多彩的画。

有一年圣诞节，父母送了我一大箱蜡笔。这是一个拉盖的绘儿乐（美国儿童蜡笔品牌）箱子，里面装有至少一百种不同颜色的蜡笔。这个箱子分四个隔间，蜡笔整齐地排列在并排的隔间里，好像在说："选我！选我！"

我感觉自己就像到了天堂一样。突然，我有了灵感。有这么多种颜色，我感觉能创作出之前从来没有尝试过的作品。因为有了更多的选择，我完全可以创作出一幅新的画作。

男人的独特个性就像蜡笔一样，女人也是如此。在大部分情感关系中，男女双方都在比较各自的个性特征，看看谁更胜一筹。他们会争论自己的观点，试图判断哪种"颜色"的"蜡笔"是最好的。

在这种情况下，他们都有很多"蜡笔"，但他们没有彼此分享。如果他们学会了分享，他们就会有更多"颜色"的"蜡笔"可以挑选。他们一起合作，就能创造出最美丽的杰作。

女人们总认为，男人不会有太多改变，他会一直是现在的样子。如果他是一个人生活，这话可能还有点儿道理。

但如果他是跟他在乎的女人在一起，那他就会成长为另一个人，这是别人所预期不到的。这个过程说明，成长和独特的环境为他的改变提供了温床。

大部分情况下，男人是在跟女人的关系持续期间成长的。她的影响力和陪伴为他的成长提供了潜力和能量。

第十二章

情感关系中的独行侠

////////////////////////

"真汉子不吃乳蛋饼。"

1982年，由于同名图书的出版上市，这句话也自此成为了一句格言。[1]随后，一系列类似的话也迅速流传开来。

"真汉子不哭。"

"真汉子骂人并不'只是说说而已'。"

"真汉子不在牛排餐厅吃鱼。"

"真汉子不让女人烤肉。"

"真汉子不浪费。"

"真汉子不缝缝补补。"

直到"妇女解放运动"的兴起，女人们才开始追求在薪资、工作机遇、政治权利和社会地位等各方面与男人平等。在此之前，男人一直被视作领袖人物，而女性则是追随者。这时，社会开始要求平等对待两性。

大部分男人都对那些传统的社会角色很看重，他们不知道该怎样应对这股新潮流。这让他们想起了小时候"只要男孩"的传统——而现在，女孩们也想加入进来了。男人们担心可能导致的后果。如果女人想变得跟男人一样，那男人就会变得更像女人了。

这不是他们所能理解的，他们也不知道该如何回应。他们头脑简单，不知道该怎样对这股新潮流做出明智、合理的回应。因此，他们只能按他们所知的唯一办法行事：他们借用明智的话语（就跟如上所列出的那样），要求其他男人不要放弃了作为男人阳刚的一面。

这时，男人们感觉到了恐慌。他们深爱自己的女人，但他们也爱自己保护者和养家者的角色。他们感觉，不把女人当二等公民看这一点是对的，但为此要让自己变得不那么男人，他们从社会和媒体那里也感受到了压力。

对男人而言，女人要求平等并不是她们在追赶男人的社会地位，而是男人不得不从高位下来，半途中遇到女人正往他的座位上爬。对男人而言，女人这样做是想要变得更加男人，而男人就会变得更像女人。

没有人证实他们的这种想法，不过这就是男人的观点。这就像是关系学中的社会主义社会，在这种制度中，富人要让穷人分享自

男人是逻辑动物 女人是情绪动物

己的财富，这样大家的所得都是一样的。

正如第一章所言，真正的问题在于用词。"公平"不等于"平等"，而这两者的概念已经被混淆了。"平等"就是两种事物是完全一样的。一般而言，男人和女人大部分东西都是相同的。我们的身体都有骨骼、循环系统、心脏和头脑。但是，我们的生殖系统有明显的差别。我们的大脑也不一样——大脑的构造、运作方式以及荷尔蒙的差别。

我们回顾这些差别，是因为它们是了解男人的开始。在本章中，我们将讨论男人的情感关系为何跟女人的情感关系如此不同。这些不同之处影响了他跟别人的关系——跟他自己，跟其他人，以及跟自己的妻子或女友的关系。

症结

男人不是反女人的存在。他们只是不懂得女人的想法，不知道该怎么跟她们相处。大部分男人没有参与过"女性101——新人指导"课程，他们一生都在跟其他男同胞交流。（好吧，也许也跟自己的母亲交流。）

跟女人相处交流对他而言不是自然就会的事情，是通过试验和犯错（大部分是犯错）而学会的。以下是交流容易出现问题的地方：

·他想让自己变得能干，因此他不会寻求帮助（就像不会寻求指导一样）。

·他不会因想要了解女人而询问她们，因为这让他看起来不能干。因此他假装理解，并暗自猜测为什么没能弄懂女人的心思。

·他不会因想了解女人而向别的男人寻求帮助，因为他也不想在那些人面前表现得不能干。因为其他男人也不懂得女人，他们就会抱怨理解女人有多么艰难。

你的丈夫或男友很困惑。他不理解女人，也不能问任何人。因此他只能自己猜测。

他不只是对女人才这样。他们也不会花时间去了解其他人。他们喜欢一起出去玩，做事没有太强的目的性。他们的情感关系很简单，也不会深入了解其他人的感受。他们一起讨论体育比赛和工作事务。只要这种对话在可接受程度之内，他们就感觉一切都好。如果交流的氛围很紧张，他们感觉与他们交谈的人有什么问题，就不会总想着修复跟那人的关系，有时候他们只是安静地离开那个人。这不是什么大问题。

而到了面对男女关系的时候，男人就变得很独立。他就像"独行侠"一样，不需要任何人来告诉他情感问题应该怎样处理。（好吧，电影里的"独行侠"还有他的朋友唐德和他的马西尔弗，但跟这里说的情况是不同的。）在他的生活中，大部分情况都是没问题的。但当他遇到他真正在乎的女人时，他就再不能像之前那样了。他很希望这段关系能够顺利，但感觉自己像是驾船在大洋之中航行，却没有桨。

因此，作为女人，你能怎么做？随后，我们会谈到一些帮你的男人了解你的方法。现在，我们需要来了解一下，在面对情感关系时，他的大脑里都在想些什么，为什么这些情感关系对他而言就像受罪。

他很渴望自己的价值和能力得到认可。有这种心理既受文化、媒体的影响，也是周围人们"真汉子就该努力奋斗"这种观念造成的。他的动机是伟大的，然而他却缺少工具和方法。

从男孩到男人

男人还有另外一个根深蒂固的特点，就是希望大有作为，有梦想，希望干成一番大事业。这也是为什么男人失业的时候感觉天都塌了，他的身份主要是靠工作业绩来支撑的。失去了工作，他的自信就遭受了严酷的打击。他怀疑自己是不是没有能力做出一番事业，这种疑虑会逐渐渗透到他生活的方方面面。

女人可能会跟男朋友说："我不介意你赚多少钱。我爱的是你本来的样子。"这么说很棒，他也很爱听。但即便她是真的不介意他赚多少钱，他自己还是很介意的。对他而言，他获得报酬是因为他付出了辛劳。他赚得越多，就感觉自己越有价值。因此他把钱的多少看成了他是否大有作为的象征。

他可能身家数百万，但仍然想要更多。他要的其实不是钱，而是钱所代表的价值。他赚得更多，也就意味着他付出的更多。他是在实现自己的梦想。他希望满足一个男人最大的一种需要，那就是大有作为。

人们都没有想到过，瑞克·瓦伦的书《标杆人生》会上畅销书排行榜[2]。然而一出版，它就变成了热销商品。根据我所见到的最新资料，它的销售量已经超过3000万册，是史上第二大畅销书（仅次于《圣经》）。在一个女性为购物主导军的市场里，此书甚至还吸引了不少的男性读者。我猜，吸引他们关注的正是这本书的标题。在内心里，男人们都是有梦想的，这是他们生活的主要动力。这么多男人会选择这本书就一点也不奇怪了！

对男人而言，自尊跟自我价值是一体的。从小时候开始，自尊和自我价值就成了男人最为重视的东西。

坚决独立

带一个男孩去游乐场，他总是在找机会试图通过比赛和竞争而让自己鹤立鸡群。随着他的生活技能逐渐增强，他总是很急切地对所掌握的技能进行实践，看看自己能不能独立完成。

无论是生理还是心理上，女孩可能比男孩都要早熟。然而，男孩们却比女孩们更急于摆脱束缚和枷锁，试着独自翱翔。他们因为纪律条文而跟父母争执，试图打破学校的规章制度，希望摆脱法律的约束。

他们想要独立，想像成人一样。为什么？尽管他们的动机还不明朗，但他们从内心里还是希望能够大有作为的。由于他们还只是"孩子"，所以他们不能做出什么"大作为"来。

男孩高中毕业之后，他感觉到了自由。但他们还未成年。男孩们自驾游是很普遍的现象，他们坐在车里，漫无目的地前行。这是他们找到的新的"自由"。一周之后，他们可能就没油或者没钱了，更糟的是既没油也没钱——这时，他们就会向父母求助。

他们都希望成为有责任、有担当的成人，但他们仍然渴望未成年时的生活。那时他们在家里优哉游哉，成人的责任约束了他们，让他们感到厌烦。他们想要长大，而跟他们少年时无忧无虑的生活相比，成年和全职工作显得是那么乏味无聊。当他们有这种思想时，他们就不那么盼望长大了。

我的女婿布莱恩，大学毕业典礼之后跟我们站在停车场里，突然意识到了自己真正长大了这个现实。"我不想长大。"他说。他这话不过是玩笑，但我敢确定，这也是他的心声。

那时候，大部分男孩仍然住在家里，只是拥有一份工作，而不去寻求职位。这延长了他们的青春期，推迟了他们应该承担责任的时间。然而他们延迟的时间越久，就越难以真正成人。他们的自尊心受到了伤害，因为他们还没有什么作为。他们只学会了怎样在电子游戏中取胜，却没有学会如何在生活中取胜。

以铁磨铁

男人容易被其他男人影响。既然他们不愿向人寻求帮助，就会观察他人的生活。如果他们不想长大，不想承担责任，那可能是因为他们看到其他男人也是这样做的。如果他们选择自己长大，变得有责任心，他们模仿的可能就是他们所尊敬的人的生活方式。

有人说过，跟我们相处最好的五个人决定了我们的生活方式。对男人而言，这句话真是一点也不错。他们观察别人成年之后是怎么生活的，然后他们也会模仿，因为长时间跟被模仿的对象在一起，所以他们才能模仿那些人。

重要的是，女人应该意识到男人跟男人之间情谊的价值。那些情谊与跟她之间的情感不同，但它们满足了他的需要，而这种需要是她所不能满足的。他很爱慕她，但她却不能满足他全部的需求。

男人们在一起是怎样相处的？他们之间的关系如何？

男人是逻辑动物 女人是情绪动物

1. 男人对他的朋友很忠诚

女人也许会疑惑，男人的高中好友看起来性情古怪，而他为什么还跟他保持联络。通常，这是源于他对情感的忠诚。他们可能没有太多相同的爱好，但他们曾经在某个时间段内一起生活，因此他们现在仍然保持着联系。

我有一些高中时代结识的朋友，我们数十年没有见过面了，但我们现在偶尔还会在"脸书（Facebook）"上保持联系。我知道，他们跟过去已经大不一样了，我也是如此。在生活的各方面，我们都踏上了不一样的道路。但我们曾经一起走过一段时间，这很棒。

2. 交流的时候，男人的表达方式很直接

相互交谈的时候，大部分男人都会说出自己的想法，而且并不担心彼此意见不和。他不担心对方的感受，也不害怕对方的反应，因为他知道，只要他们谈论过了，他们就都能够放下。如果他们不能放下，他们就会找借口不再联系。

当然，这里有内向性格的问题。大部分男人一般不喜欢跟别人对峙，因此他们不会说出自己的想法，但这并不意味着他们没有想法。这只是在说，他们对与自己争辩的人很挑剔。如果这段感情对他们而言很重要，他们就会想方设法地表达出自己的想法。

有的时候，避免对峙意味着这段感情不值得他付出精力。他如果与你发生了冲突，那说明他看重你们的情感。

3. 在他们的生活中，男人不会花大量的时间谈论女人

男人提起女人的时候，总是一两句话就带过了。他们不会将在家里跟女人的对话情景再现一般地告诉他人。好男人不会贬低自己的妻子，让他的朋友们都认为她配不上他，因此，他会珍惜她的名誉。他也许会抱怨女人某件让他感觉不妥的事，但不会详细说清事情的来龙去脉。他不要求别人给出答案或建议，只是需要一点点支持。某个朋友跟他说："是啊，我听说了。有时候，很难弄明白该怎么回应女人。"他就知道自己不孤独。

女人会跟信得过的女性朋友聊，自己跟男友某次交流很不顺利，因为这样能帮助她理顺自己的情绪。而男人遇到同样的状况，只谈论三十秒，然后把话题转移到汽油上去了。

4. 男人不经常跟其他男人分享自己的感受

男人不会花太多时间去思考自己的感受，更不用说其他人的了。女人经常问："你觉得这个怎么样？"而男人经常问："你对那件事怎么看？"

不久前，我跟一位朋友一起吃午饭，他是一个大教堂的牧师，他聊起了跟他的信众们交谈时遇到的一个窘境。我问他："那么，当时你有什么感觉？"他呆呆地盯着我，说："感觉？我不知道。你难道认为……我是个女人？"

这并不是说男人就没有感觉。他们只是没有意识到自己的感

受，因此他们就用了辅助手段来支撑感觉。如果他们感觉到恐惧、悲伤或焦虑，他们就会用一种适合男人发泄的情绪来表达，如愤怒。无论是哪种情况，他们都不会轻易表露出自己的情感，他们也绝不会跟其他男人交流自己的情感。

5. 男人只是将其他人当作避难所，并不期待得到安慰

生活过得艰难时，男人总会向其他人靠拢，这样他们就能一起面对。如果他们不愿意说，没有人要求他解释自己的想法和情感，也没有人会对他做出评判。他们会跟朋友一起打球，但不会长篇大论地说一些无关紧要的话。他不是在逃避，而是在重新给自己充电，这样他才能重返生活的战场。

我曾经读到过，在情感关系中，女人们更倾向于彼此面对（无论在心理上还是在现实中都是如此），而男人们则更倾向于肩并肩，面朝同一个方向。根据我自己的经历，我发现这句话很正确。我的朋友们就不会试图替我解决我的问题。但他们会很乐意陪我一起走过那一段历程，而我也不用解释我自己的想法和情感。

对男人而言，解释情况和揣度未来是一项浩大的工程，因此，他会节省自己的精力，只跟对自己而言最重要的人，即他的妻子沟通。

6. 男人们一起面对挑战

男人能独当一面，对友情很忠诚，他们在面对挑战的时候能跟

其他男人一起合作。所以，在销售队伍里，男人组成的团队能建立友情，精诚合作；在运动场上，男人会为了获胜而一起拼搏；在战场上，战士们会彼此信任，奋力拼杀。

男人力求达到他们自认为值得的目标时，他们会竭尽所能互相帮助，以获得成功。

在商场上，人们发现"策划团队"非常重要。这个团队的成员致力于让整个公司在自己的行业中发展成熟，他们明白，合作比单干获得的成就更大。因此，他们会因交流新的想法、动机和相关义务责任而定期集会。他们彼此质疑、彼此激励，以求收获更大的梦想，以达到未知的成功。

在处理跟自己女人关系的问题时，如果男人们相聚谈论，真的会对他们有帮助。而他们认为，在男女关系问题中，这不是个有效的办法，但他们应该这样去做。如果想要提高与女人沟通的技能，男人就需要听一听其他男人的建议。事实上，一个健康的男人在生命中会遇到三种不同类型的同性：

· 比他的人生经历更为丰富、心智更为成熟的长者

· 比他更年轻、经验更少的少年

· 跟他本人差不多，可以共享人生经历的朋友

如果你的丈夫或男友没有这些朋友，这说明他缺乏很有价值的

男人是逻辑动物 女人是情绪动物

资源。你偶尔可以用如下的话来鼓励他：

"你想不想跟他（一个他很尊敬的明智的长者）一起喝咖啡？"

"你好像和他（一个比他年轻、经验更少的男人）关系不错，他这段时间好像遇到了跟你以前一样的麻烦，你们这段时间似乎关系更亲密了，你想过约他去聚一聚吗，顺便给他提一些明智的建议？"

"最激励你成长的朋友是谁啊？"

成长的动力

多年来，我跟那些一直在奋力"成长"的三十出头的男人们进行过很多次对话。因为受到媒体的诱导和朋友们的建议，他们将自己的青春期延伸得很长很长。

这时，他们希望成为一个有责任、有担当的成人的心理愈发强烈，他们也对原来的生活模式愈发不满意。他们延缓青春期的时间越长，受到的挫败感也越强烈，因为他们还没有如自己期望的那样大有作为。

男人都渴望独立，都希望自己有能力。这并不是说，他希望跟自己的妻子分开生活。这意味着，如果他保持着完整的自我，他就能够用合理的方式跟她沟通。如果他感觉自己有能力，他就能成为自己的妻子需要的男人。

　　最近，我跟一位32岁的男人聊天，他本来一直在享受自由的青春期，但最终安定下来，认真对待事业，并娶了他梦中的女神。这改变了他原本的生活面貌。我问他究竟是什么让他做出了这样的改变，他很简单地说："我终于决定长大了。"

第十三章

合二为一

////////////

　　我曾经听某位男性友人说过："是的，我在家里肯定穿裤子。我妻子给我选的，我当然会穿。"

　　这话很幽默，这也是两个完全不同的人相互合作达成更好目标的最佳范例之一。通常，男人跟女人所擅长的东西是不一样的。他们一起合作，将各自的力量融汇到一起，所达到的结果比各自单方面能做到的更好。

　　男人和女人有各自的价值、独特性，但他们在家庭中的作用是一样的。但这并不是说他们在各个方面都是完全一样的。倘若是完全一样的话，那么情感关系中就会没有冲突，但情感关系也没有发展的空间了。

　　社会和媒体给我们塑造的男人和女人的形象都相当低劣。当男女双方的交流不够顺畅时，大部分公众会认为这是男人的错。他应该变得更敏感，应该学会倾听，应该学着更好地交流，学会表达自己的感情。

男人听到的告诫总是这样的："你不知道怎么爱女人，你需要学习。"

开始写本书的时候，我跟几位男同胞聊过这个话题，我总是听到他们抱怨这一点。一位男同胞说："我明白，女人比我们更加敏感，更加擅长交谈。但谁能保证女人的观点就一定正确？"

另有人指出了男人比女人做得更好的地方，例如体力更好，更有目标。他说："为什么就没人告诉女人，她们应该加快步伐，变得更坚强，少说多做，以便更快达到目标？"

这个观点很有趣。让男人和女人明白他们需要做出改变，就像是告诉猫和狗，如果它们想要和谐相处，它们的个性就会更加相融。因为狗当然只做狗才做的行为，而猫也只按猫的行为方式行动，因此，没有人关心以上论断的不合理性。没有人会期待一只猫能夺过皮带，兴奋地乞求主人带它出去散步。

关键是要明白两者的差异，接受并尊重这些差异，并合理地处理这些差异。

因存在差异而争吵的男女关系总是需要修复。

相互容忍差异的男女关系只能勉强维持。

为各自的差异而喝彩的男女关系会健康持续发展。

男人是逻辑动物 女人是情绪动物

"烹饪"课

男人和女人都有自己独特的、与众不同的个性。每对男女在情感关系开始的时候，也仍然拥有自己的个性。你让两个人相处交往，那他们两人合起来的个性特征比单独一人时的个性特征要复杂得多。将这些个性混杂匹配能创造无数个不同的组合。

这就像是在厨房里做菜。如果你的橱柜里只有几种菜，那当然也能够做出菜肴——不过菜品就比较少。但如果你将菜的种类加倍，你能准备的菜肴就很丰盛了。你每一次做菜不一定要用上每一种调料，但拥有这些调料，你就能创造更多的口味。

说女人的个性特征比男人的要好，就像是在说糖比盐好。糖给食物增加了甜度，大部分人都喜欢这种味道。然而，如果不加盐，甜味就会变得淡而无味。为了增加口感，各种菜都少不了盐这味调料。

当然，我们有时候也会放得过多，太多的盐会毁掉这一餐饭。新手厨师经验不丰富，不知道该放多少，因此他们会按照已成的菜谱推荐的最佳用料度。逐渐地，厨师的经验更加丰富，也感觉可以自由选择调料的使用量。不断的尝试和犯错让他们做出并不算合格的菜，但他们会一直努力尝试，直到成功做好为止。

厨师还得有合适的调料。他们要用糖，也要用盐。他们还要掌握每一道菜品调料的合理用度。

情感关系也是如此。只要在相处的时候多加关注和小心，男人和女人各自的个性特征就能创造出最伟大的杰作。情感关系的早期，男人和女人因为这些个性特征而相互吸引。如果男女双方都只希望另一方做出改变，他们就不会创造出新的"菜品"。他们都只会关心自己所知道的旧"菜谱"。如果他们协同合作，一起去探索，发现这些差别，那他们的关系就会稳定健康地发展。

社会和媒体告诉我们，男人多么不懂得关爱女人，我们对此要仔细分辨。如果我们仔细分辨，就获得了一段最美好的关系，这段关系的最基础的"调料"就是——个性。

寻求合作

今年母亲节时，我们的孙辈们给我的妻子送了一盆多种植物盆栽。这个礼物很棒，因为他们每个人都挑了一种类型，并告诉了她他们挑选的理由。

11岁的艾薇丽挑了一棵形状奇特的绿色植物。她认为这种植物很特别，因为它长得很快，而且成长过程中还会开出小小的白色的花朵。她知道外祖母爱花。

男人是逻辑动物 女人是情绪动物

8岁的埃琳娜选择了一棵墨绿色的植物，顶部有一个橙色和红色相间的装饰物。她认为这看起来像是热带植物，她知道外祖母喜欢海滩。

5岁的马可选择了枝繁叶茂的有绒毛的绿色植物，因为他觉得这看起来像捕鸟蛛。

这是一件完美的礼物，因为它完全表现了他们的个性。女孩们追求独特和多彩，她们想的是外祖母所喜欢的东西。而男孩则选择了一个他喜欢的礼物。

那么，哪一个最好呢？毫无疑问，带给她最多快乐的正是这整个组合。它们各自的特性没有丢失，而这种组合总是提醒我们，这些独特的小家伙们一起为我们创造了如此多姿多彩的生活。

这就是协作的力量。协作就是许多不同的事物组合成一种完全不同的新事物，而它们各自的个性也并未因此而消失。

一想到合作，我就想到了两种比喻：水果沙拉和乐队。做水果沙拉的时候，你将草莓、桃子、香蕉和其他水果都放在一起。结合到一起之后，就形成了一种新的味道，但同时你还是能尝到各种水果原本的味道。在乐队里，各种不同乐器结合起来，发出的声音在音乐厅里久久回荡，不绝于耳，但你还是能分辨出各种乐器的声音。

我们的孩子还小的时候，我们带他们去了好莱坞的露天剧场，去听约翰·威廉姆斯的音乐会。演奏的音乐他们很容易辨认，其中包括了相关电影和最热的卡通片主题曲。他们当时可能还太小，因为音乐会开始不久，他们就对乐曲没什么兴趣了。

一个朋友借给他们一个双筒望远镜，这样他们就能更清楚地看到那些乐队成员们。他们开始玩游戏，在音乐演奏的同时，辨认演奏使用的各种乐器。因此，听到巴松管（低音管）、双簧管和法国圆号独特的乐音时，他们就去观察那个演奏者。晚上，音乐会结束时，他们已经能够辨认出每一位乐手所演奏的乐器了。这场合奏的音乐会真的很好听，每一种乐器的声音都能听到。

这就是合作。情感关系中，两人的不同之处结合所导致的结果比其中任何一人的独特之处更加突出，但两人的个性却并没有因此消失。男女双方若是因不同之处发生了纠纷，他们就不可能创作出伟大的"画作"。而如果他们重视这些不同之处，并为此欢呼喝彩，那么，他们创作的潜能则是无限的。

倘若他是问题的关键怎么办？

黛安和我刚结婚的时候，我掌握家庭的经济。我们赚的不多，因此经济很紧张。她总是过来问我："我们有足够的钱买一张小地毯铺在沙发前吗？"

有意思的是，我真的很希望她能过得开心。我也希望她认为我是一个很好的丈夫，一个能够成功持家的管理者。如果我说："不行，我们没有钱。"她可能会很失望，这也会影响我的心情。因此，无论究竟有没有钱，对她提出的要求，我都会说："好的，去买吧。"

我当时并不知道这样造成的后果有多么严重。我对处理关系这回事既没有经验也没有技巧，我不会跟她说我们的经济状况究竟如何。我的思维意识自动进入了解决问题的模式：我不能对她的这个要求说不，我只需要想办法赚更多的钱。我应该想方设法去赚钱，而不是跟她谈论经济状况。跟她谈论这件事听起来像是在向她寻求帮助——这种事任何男人都不愿意去做。

与此同时，黛安也不敢问及我们的经济状况，因为每次她问，我都会选择回避。我没有让她接触这方面的事务，并且不告诉她我们的收入、支出状况。我从心底里感觉自己在这方面做得很糟。我的自尊摇摇欲坠，因为我无法彻底解决问题。我感觉，我们的钱不够用都是我的错，因此，我不能让她知道我们的经济状况究竟如何。

她想要信任我，不过她也感觉到事情有些不对劲。我们都不知道该怎么办。我觉得她很唠叨，让人不得安宁，而她也觉得我没有责任心。我们没有一起面对问题，而是将彼此当成了问题所在。因为我们对彼此都存有不满，这样我们之间的分歧也就日渐加深。

出于一种很幼稚的想法，我向她隐瞒了我们真实的经济状况，因为我深深地爱着她，非常在意她是不是过得快乐，我想要给她最好的，却不知道该怎么做，因此我避开了经济状况这个问题。我认为，如果我们不谈论这个问题，至少我们都不会为此心烦。

你可能会认为我太重视自尊心，其实不是这样的。这是一种典型的男性行为，我们的动机是良好的。我们都不讨论这个问题，也没有一起去找解决的办法。我们都想知道谁对谁错。

双赢的解决办法

直到我们面临了危机，我们才开始解决交流模式的问题。经济问题成为了"房间里的大象"，是我们很忌讳的话题，我们都因为对方与自己的不同之处而彼此感到恼火。

当后果变得越发严重无法忽视时，我们这才进行了一次艰难的沟通。这让我们很难过，因为我们不想指责对方（或者说不想承认我们自己才是过错方）。但我们开始谈论该如何一起解决这个问题时，我们就变成了一个团队。

我们最大的发现之一就是，我是用右脑思考的，思维更有创造性，而她是用左脑思考的，思维更有条理。任何时候你想出了与经济相关的创新性想法，这就是灾难的开始。是的，我是很有目的性的，但也会马上转向任何能够奏效的有创意的想法。而她更擅长逻辑思维，更有条理，总是希望得到一个解决问题永久有效的办法。

男人是逻辑动物 女人是情绪动物

她的心思更加坚定，而我的则像是一群乱舞的鸟儿。

我们最后发现，最好还是让她来掌管经济大权，问题才能得到解决。她掌握经济大权后，任何账单都能及时付清，我们总是能知道还有多少钱。与此同时，我们都同意不时交流各自的经济开支，这样在用钱的时候才会达成一致的意见。这种方法很管用，因为我也参与了这个行之有效的解决方案。

这也让我有了作为丈夫的成就感，因为我们在用一种对彼此都有利的方式合作。经济紧张时，我不再有挫败感，而她也不必面对我幼稚的行为。我们只是一起面对这个问题，并讨论该怎么解决。

这都是很多年前的事了，我们现在的合作很愉快。偶尔那些过去的思维方式还是会卷土重来，而我们都学会了彼此提醒，我们要解决的是面前的问题，而不是我们之间的关系。

我们是一个团队，也需要一起面对任何问题，只有这样做了，生活才会变得更美好。

表扬的力量

我听到过女人这样抱怨："为什么他每次取得了一点点小成就，我就该给他庆祝啊？我真的很感激他的付出，但难道就一定要有所表示吗？"

简单地回答一句，是的。男人想要大有作为，想赢，而他最希望你能看到他的这一面。无论他是否跟你说过这一点，他都希望成为你的英雄。他不过就是一个放大版的小男孩，站在游乐场里，喊道："看我！"

有时候，我去车库修车也会遇到棘手的问题。我陷入了困境，需要花几个小时好好思考一下这个问题。最终，我找到了解决方案——这让我感觉很棒。我跟这个问题进行了搏斗，而且自己想出了解决的方法。我明白了，我赢了。

猜猜我接下来会做什么？我跑进房间，把我做的事告诉黛安。通常，我都会把她带到车库，让她看明白，但她自己也不清楚我让她看的究竟是什么。为什么？我想要得到她的肯定。这世上，再没有比她夸我有办事能力更棒的事了。不要问我为什么有这种想法，因为我也不知道。我的头脑正是这样想的。我也明白，她不是真的想这样夸我，但她还是做了，因为她知道这对我而言有多重要。这样的效果其实更好，她是故意夸我的，而不是真心要夸我。

女人希望她们的男人说："我爱你。"而男人也希望表达出自己的爱意，不过他们不擅长用语言表达。这话说起来似乎很简单，但不容易说出来。大部分男人都是用行动而不是语言来表达爱意的。但如果男人明白了这些话对女人的重要性，他就会想办法去说出来——即便说出来让他们感觉并不怎么好。

同样的，让女人拿出彩带绒球庆祝男人的成功也是不现实的。

男人是逻辑动物 女人是情绪动物

但这对一个男人的重要性，就像话语对女人的重要性一样。意识到这一点并及时给予肯定能让男人有动力继续前进，明智的女人会为男人提供这些。这比感激他的所作所为更加重要（表达感激也很重要）。用这样的话对他的能力表示肯定和赞赏就是满足了他的需要："这真是太棒了。你是怎么想到的？"

同时，为他所做出的小事情表示感谢。不要装作对它们视而不见。简单地、真诚地说一句感谢的话，如："真是太棒了，谢谢。"或者"你知道，我发现你昨晚把马桶盖放下去了，因为我没有陷进马桶里去。谢谢。"如果他为你开门，就这样说："哇，你真的很贴心。我的很多朋友的丈夫都不会为她们开门。"

或者就用女性的方式为他男性的行为做出回应。如果他碰巧给了你电视遥控器，你先不要接，而是看着他的眼睛，说："谢谢，我也爱你。"

读到这里，你可能在想：好的，我明白了，我知道该怎样做了。不过，那我呢？如果我为他做出了这些让步，而他却没有为我做任何事，那该怎么办？

这是一个很合理的问题，不过这就不在本书的讨论范围之内了。正如我们在本书开始的时候所说的那样，这是一本让女人学习如何了解男人的书。当女人明白了男女双方的差别时，她们就可以根据自己的观察选择自己的回应方式。试着改变他人通常都是徒劳的，我们能够改变的一直都只有自己——自己的态度和言行。

这就像是跟另一个人跳舞一样。如果我们改变了舞步，那么舞伴也会决定该怎么配合我们。我们只决定我们该怎么跳，他们怎么配合则由他们决定。

　　学着欣赏并感激你们存在的个性差异，而不是因这些差异而互相争斗。这是我们建立合作的最佳起点，能帮助我们建立顶级水准的情感关系。

第十四章

情感关系中的危险信号

////////////////////////

我发现了危险信号。

我靠近了后院木制露天平台旁的阶梯，向下看去。在第一个台阶的前面，我看到了钢铁上那小小的棕褐色的斑点。我试图说服自己，那不过是被风吹过去的尘埃，但凭经验我可以判断出：那其实是白蚁的粪便。

这么多年，我发现过很多次这种粪便，也知道它的存在意味着什么。白蚁们能够吃光一整块木头内芯，只留下外面的一层空壳。这也是白蚁危害巨大的缘由所在。你不知道它们给你造成的危害，因为从外表看来一切如常。但实际上，外表看起来完整无缺的木头已经变成了一具空壳。只有脚踏上木板的时候，你才能发现异常，你的房子就快坍塌了。

而在那之前，白蚁的粪便就已经出现了。这也暗示了你即将面临的状况。

发现了白蚁的粪便,我的头脑就开始不停地运转。我马上想到了请职业灭虫专家需要的费用。然后,我还加上了重新购置木料的开销。我还想到,房子装修期间我们得去外面住。我不知道白蚁给家里造成了多少损害,但我知道家里已经出问题了。

我是个男人,我需要解决这个问题。因此我抓起一个扫把把粪便清理掉了。

问题解决了。

接下来几个月里,白蚁的粪便重复不断地出现,而我也及时清扫掉了。我没有跟妻子提起这件事,因为提出来意味着我不得不承认(对她也是对自己承认)家里出了问题。不提,只要没发现白蚁的粪便,那就好像没有问题。

最后,我发现白蚁粪便出现得越来越频繁了。因此我向她提出这个问题,我们没有花过多的时间去思考为什么会出现白蚁粪便,而是想办法解决它。我取走了木板,清理了阶梯,然后又把受到损坏的木料堆叠好。我早就发现了这个问题,因此要重新布置也不是很难。后来,我们请来了专业人士查看房屋的状况,因为我们发现了无视白蚁的害处。家里还有几处地方需要清理,所以都交给了专业人士。

结果呢?我们现在不用再为白蚁粪便而担心焦虑了,因为我们已经把问题处理掉了。

后来,我总是关注家里是否出现了白蚁的粪便。

男人是逻辑动物 女人是情绪动物

情感关系中的"白蚁粪便"

你买了新房子之后，就会对房子进行第一轮考察。如果你发现了白蚁粪便，就会对房子的状况非常担忧。如果没有，你就会觉得还不错，并随后搬了进去。你对在新家里开始的新生活感到很兴奋。白蚁粪便完全被你抛在了脑后，你开始着手装修。

情感关系中，你也是如此。你第一次跟男人约会，就在"考察"他。他这个人很有趣，而且看起来很善良。你都能想象跟他在一起之后，他会对你有多好。你也在察看"白蚁粪便"，并判断他是否够格做你的终身伴侣。如果没有发现，你就会很激动地开始跟他的关系，你认为一切都很好。

一段时间之后，你发现了小小的"粪便球"。你看到了他以前从来没有表现出来的样子，听到了他嗓音中的不满，或者感受到了他一丝不同寻常的恼怒。这完全出乎你的意料，让你感觉很难受。你不想提及这一点，因为你不想对这一段新的情感关系提出质疑。因此你"清理"掉了它。

很快，它再次出现了。随后，它出现得愈发频繁了，但你仍然希望这不是真正的问题所在。又过了一段时间，你发现你们的情感"小屋"出现了"裂缝"，你不能再继续无视它了。

你提起"白蚁粪便"，他却反驳你，看起来很恼怒的样子。随着时间流逝，它变成了一个"不能触碰"的区域。你们的关系受到影响，你们也很难顺利交流。这个问题似乎永不会改变了，你也失去了我们前几章提到过的拥有健康良好的关系的机会。

现在已经太迟了吗？你们的关系再没有希望了吗？

简而言之，只要双方都还活着，就都不太迟。人都可以做出改变，并且通常都是在别人最没有想到的时候做出改变（而且理由也很稀奇古怪）。希望总是有的。

能不能改变，从来没有谁能确定。

早期发现

在本书中，我们提到的情感关系都还不到岌岌可危的地步。你们的关系出现了问题，像本书这样的图书能够指引你理解你们之间的问题，但它不能帮你解决问题。若想解决问题，你可能需要专业人士的帮忙。情感关系遭到了损伤，通常是没有快速解决的办法的。

如果我的手指受伤了，我会用抗菌的药物止血，用绷带包扎伤口。但如果是得了癌症，我就需要经验丰富的医生帮助治疗。

问题的严重程度决定了你用的治疗手段。你也许会观察到以下所列出的种种迹象：

男人是逻辑动物 女人是情绪动物

· 你们交谈的时候，你的丈夫或男友态度不积极。

· 他试图控制你，说出这样的话："如果你真的关心我，你今晚就该留在家里陪我，而不是去上瑜伽课。"

· 他说话的语气太过绝对："你从不……"或者"你总是……"

· 他用幽默来对抗冲突。

· 交流一旦陷入僵局，他就转移话题。

· 他忽略掉你的看法："噢，随便吧。你太不可理喻了。"

· 他从来没有主见，为了和平任何时候都跟你妥协。

大部分人不时会按以上的方式回应。如果你的丈夫或男友只是偶尔出现以上的回应，这不是什么大问题。你需要关注的是他说这些话的次数和频率。这些迹象发生的次数越多，频率越高，你就越需要解决这个问题。

问题是："我该怎样处理情感关系中的危机呢？"

对"白蚁粪便"的恐惧

某些女人不敢跟男人谈论严肃的问题，尤其是在刚开始交往的时候。她害怕失去他，因此假装一切都没有问题。这就是将关系建立在不牢靠的基础之上，这段关系无法深入，因为你不让他走进你的内心。随着时间流逝，你开始怨恨他，因为你们的问题并没有消失。他感觉到了这一点，更加疏远你了。这对他是不公平的，因为你之前什么也没说。

女人对那些没解决的问题感到心烦，又不知道该怎么办，就会去找他，抱怨他，声称他应该跟她一起合作。她只会用这种方法来逼迫他做出行动。她会认为，如果我不用某种方法逼迫他，他就不会改变的。

无论她是大声说出来还是内心里想想，"他不会改变"这一条才是问题的关键所在。女人对情感关系问题的反应通常是，除非丈夫或男友做出改变，否则她的生活质量无法提高。不幸的是，这种态度通常会导致灾难。这种态度是以两种观点为前提的：

1. 你可以改变对方。
2. 对方才是问题所在。

我们之前已经提到过，现在让我们再分别回顾一下这两种观点。

观点1. 你可以改变对方

《如果你不允许，没有人能让你失去理智》[1]，这本书的主题是，我们的幸福掌握在自己的手里，而不能依靠别人。任何时候，如果我们需要别人来完善自己，这会让自己成为受害者，我们不再会为自己的生命和生活负责，我们将这个责任给了他人。所以，正如艾琳娜·罗斯福（美国前总统罗斯福的夫人）所说的那样："唯一能打败你的人只有你自己"。[2]

一段健康稳定的关系是由两个心智健康的人创造的，而不是两个并不太健康，却希望能获得完满的人创造的。我不能逼迫任何人改变，但我可以感化他们。怎么感化呢？首先改变我所掌控的人即自己。当我变得成熟，做出了改变，那另一个人就是在跟改变了的我在一起生活。这样的话，他自然也会用全新的态度去回应那个"全新"的我。

男人的某些特性是可以改变的，有些则不能。如果他的行为举止不当，那他自然可以选择做出更合适的行为，他可以做出这种改变。但如果与他交流的时候，他的回应方式是由于他作为男人的本性而导致的，让他做出改变就只会导致糟糕的后果。

观点2. 对方才是问题所在

"那么，这一条难道不明显吗？"你可能会问，"我一切都好，但他过来就扰乱了这里的一切。"

现在，让我们退后一步，客观地来看待这一条观点。局外人会说："这话听起来有点儿自傲呀。"这意味着女人做事的方式是正确的，需要改变的是男人。提出这种观点的女人没有想到，她应该接受他的行为模式。而且这种观点还暗示，对他而言，唯一的解决办法就是变得更像女人——而这种事情是从未发生过的。

如果关系中的双方有任何一方无视另一方，那两个人是无法维持这段关系的。如果双方都能接受彼此的独特性和双方的差异，这样两个人的关系才能健康发展，两个人才能通力合作。在这个团队中，他们都变成了比自己孤身一人更为坚强的存在。他们享受这种合作。

怎样改变一个男人

当男人踏上那个有白蚁粪便的阶梯，你感觉他会陷进里面去的时候，你最好用什么方式提醒他呢？尽管效果不敢保证，但我所说的这个方式比你知道的要更好。这比批评他、质疑他更加有效，而前述的两种方法几乎是无效的。

只有接受并肯定他的独特个性，而不是试着改变它，这种方法才会奏效。

这可能并不是你所期待的那种方式。它可能让你感觉你放弃了改变他的希望，而你会一直跟这样的他生活下去。

记住，我们谈论的不是糟糕的行为举止。如果你打扫过厨房之后，你的丈夫总是来把这里弄得一团糟，这就是他不尊重你的表现。这是糟糕的行为，他要改变这一点（而且必须改变）。我们讨论的是男人才存在的特性。

我们知道，男人们都渴望有所成就，大有作为。对一个优秀的男人而言，他希望得到的最大成就就是与你的关系健康稳定地发展。

男人是逻辑动物 女人是情绪动物

你发现他做了惹恼你的事，就猜测他的动机，你怀疑他是不喜欢你，认为他做这些是故意给你惹麻烦。这种猜测很危险，因为他很可能是为了更好地爱你而做的——但是事情并没有按他所预料的那样发展下去。他尝试着去表示对你的爱意，但是，效果适得其反，他也看出来了，你并没有发现他真正的意图。这让他很难过，因为他不知道该怎么解决这个问题（他一直在忙着解决问题）。

　　我们假设，你刚刚清扫完了厨房的木地板。然而你再次进入厨房，却看到了他脏兮兮的脚印。你的第一反应可能是失望或恼怒，你会想：我刚刚才清扫完了厨房地板，而他一脚踏进来就弄脏了。难道他不知道，我花了多长时间才把这里清扫得干净整洁吗？

　　当然，他是在意的，或者说，如果他发现了，他就会小心一点的。他没有发现厨房里很脏，因此也没发现这里重新变得整洁干净了。如果他没有看到你清扫地板，他可能都不会发现这地板跟之前有多么不同。你从他的视角来看看这个问题吧。

　　与此同时，他可能正在外面开一块花圃，这原本就是你要求他去做的。他做这些是希望你开心。他一直在忙着花圃的活儿，很兴奋地展示给你看。他再次变成了一个小男孩，对你喊道："看看我做了什么！"厨房干净的地板并不在他的雷达接收范围之内。

　　突然他遇到了麻烦。他并没有恶意或者蓄意弄脏你刚刚清理过的地板。他只不过像个男孩一样等待你的夸赞，他并没有发现地板有什么不一样，因为他的注意力不在这里。这并不是说你不能跟他提这件事。但你的反应是要基于理解他的想法而发的，你应该明白，他是为自己给你干了活高兴，所以不应去怀疑他弄脏你地板的动机。

重新打扫地板比让他恢复活力可要容易得多。这一次先忽略掉地板上的肮脏，跟他一起分享成功开辟了花圃的激动。让他知道你有多么喜欢这片花圃，让他知道他做得多棒。你们重新回到房间里，你可以很和气地惊呼："哇！我想我们一定从外面带了泥土和灰尘进入房间。你进来之前能先擦干净你的脚吗？谢谢！"

如果你不接受他的本性特征，那么这些本性特征所导致的行为就会使你气恼。你会对他的所作所为非常不满意。你认为你对他的动机的猜测是正确的，其实你的猜测是一道障碍，你想用它来保护自己。你不接受他的行为，不想因他的行为受到伤害。

一段关系中，如果两个人总是会惹恼对方，最根本的原因就是我们都希望对方能做出改变，而不是去接受对方。

两个人如果都学着接受对方，生活中就都会感觉到轻松惬意。如果你们两个都感觉对方接受了你们原本的样子，你们就都会产生安全感。在这段关系中，你可以做你自己。这也是情感真正稳定发展的开始。

有意思的是，在情感关系中惹恼我们的事物，通常都是最初相识的时候吸引我们的特征。你曾经因为他个性鲜明而爱上了他，现在你厌倦了他的这种个性。你曾经爱上了他沉着自信的样子，但现在又厌倦了他的沉默寡言。

男人是逻辑动物 女人是情绪动物

你想着，这是怎么回事？他怎么变了？他其实没变。你只是没有完全了解他的个性。

逃离"监狱"

奥地利哲学家维克多·弗兰克尔从纳粹集中营释放出来之后，写作了《追寻生命的意义》这部著作。他曾说过："当我们不再能够改变环境时，我们就会被迫改变自己。"[3]他看到，在集中营里，有些人因为不能适应环境，受不住环境的压抑，放弃了生命，而有的人接受了这种环境，试着融进这种环境，存活了下来。

你可能也感觉自己受到了囚禁，而且你看不到改变的希望。你被困在其中，这都是他的错。你肯定他不会做出改变，于是你想着逃离。这该怎么解决呢？

让我们读一读莱茵霍尔德·尼布尔写的《平静地祈祷》：

上帝啊，请您赐予我力量，让我接受我无法改变的事情
上帝啊，请您赐予我力量，让我有勇气改变我能改变的事情
上帝啊，请您赐予我智慧，让我能够分辨以上这两者[4]

任何时候，我们试图改变其他人，是因为我们认为他们是错

的，需要改变，这是他们的问题，他们才是问题的起源。我们是正确的，因此除非他们做出改变，不然事情不会出现转机。我们来看一看以上三句祷文背后的含义。

我无法改变的事情——他这个人的个性特征以及塑造了他这个人脾性的独特因素。

我能改变的事情——在生活中对我们的关系产生影响的他的行为习惯。

分辨两者的智慧——我们要时刻提防，不能混淆了这两者。

如果你只关心你无法改变的事情，那你一直都会是个受害者。接受这些无法改变的事实，才是你获得自由的基础。

底线

一旦发现有"白蚁粪便"，你就要清理掉它。如果不及时清除，那它之后可能会导致你们的关系出现严重的问题。

情感关系中的"白蚁粪便"，你该怎么处理？当然是对此进行交流，并且接受彼此独特的个性。你们要一起对付这些"粪便"，而不是忽略它的存在。

两个人若是都感受到对方接受了自己，那他们就能去期待开启没有"粪便"烦扰的生活。

男人是逻辑动物 女人是情绪动物

第十五章

获得幸福结局的策略

/////////////////////

一段童话般的爱情能够收获幸福美满的结局吗？

我记得，第一次读到结局并不幸福美满的童话故事是在七年级时。那之前，我所读过的所有童话故事都有幸福美满的结局。故事的过程中总有风险和冲突，但最终的结局都是完满的。

我的老师推荐我们读杰克·伦敦1908年的小说《点燃篝火》[1]。我们在课堂上阅读。这个故事讲的是加拿大西北部育空区的一个男人，突然进入了一个气温为零度以下的地区，他都快冻成冰块了。他试着生火，但因为手都冻僵了而握不住火柴。

最后，他终于生起了火（我可以预料到那种幸福美好的局面了）。但是，他头顶树枝上的雪掉了下来，落到了火上，火熄灭了。男人为了重新生火竭尽所能，但情况却变得越来越糟。最终，他不胜严寒，倒了下去，睡着了——而且是永久地睡着了。他的狗闻到了他死亡的气息，返回了营地。

我还记得我坐在课桌旁，试着理解我刚刚读到的那些情节。我用了好几天时间才摆脱读这篇文章所产生的抑郁感。我第一次发现，生活并不总是有幸福美满的结局。

小的时候，我们都期待幸福美满的结局。长大成人后，我们仍然期待它们，但我们也明白，幸福美满的结局是无法得到保障的，不过这并不能阻止我们期盼它们。

"投资于"童话般的结局

很多爱情关系开始的时候，男女双方都期待幸福美满的结局。他们认为，其他人都没有我们过得好，没有人享受过我们这样的幸福。他们真的相信他们是与众不同的（事实也确实如此），他们真的相信他们会收获幸福美满的结局。

时间慢慢流逝，他们的关系却变僵了。他们都是真实的人，问题也是真实的问题，而这就让他们产生了冲突。有的冲突发生后，男女双方就分道扬镳了，因为他们放弃了追求幸福美满的结局。维持这段关系太过艰难，看起来毫无希望。他们放弃了修复这段关系，因此最终这段关系走向了破灭。

但是，也有的人让这段关系持续下去了。他们将那些冲突和挑战当成了让他们变得更坚强的踏脚石，他们一起面对那些冲突。他们为

男人是逻辑动物 女人是情绪动物

此付出了巨大的努力，但他们还是很期待童话般的结局。他们认为，尽管没有百分之百的保证，但那种结局值得他们赌上一切去尝试。

他们发现，他们在情感关系中付出的能量越多，最终的收获也越多。

这就像是投资。我们都知道，沃伦·巴菲特是这世界上最受尊敬的投资者。人们知道他是个亿万富翁（这是个幸福美好的结局），所以都跟着他去炒股，但不是所有人都获得了成功。有些人不明白，明明都在炒股，为什么自己连香草拿铁咖啡都喝不上。他们忽略了一个事实，那就是巴菲特一生都致力于投资，有策略地做出了很多次小投资，这才积累下这么多资产。

人们都希望能在股市赚大钱。他们开始的时候期望都很高，但市场一旦出现波动，他们就精神紧张。他们所做的梦也都成了噩梦。沃伦·巴菲特利用市场波动，无论经济状况如何，他都不冒险，他只按照投资管理最基础且最有效的原则行事。

我们在处理情感关系的时候也可以这样做。我们不知道将来会遇到什么，但我们可以按照情感关系的投资原则进行投资，以期获得最大的回报。

如果我们想要童话般的结局，就应该有心让它变成现实。尽管我们知道未来的事现在无法做出保证，但可以花费时间慢慢准备，等待我们期待的结局出现。无论是在市场投资方面还是在情感关系方面，这些持续不断的努力总会让我们有所收获。

心的投资

这里，我们列出一些适用于你投资情感关系的投资原则。

1. 投资于你所知道的

在资产投资中，许多人都是根据媒体所提供的"最新信息"而做出投资决定的，随后他们会怀疑为什么自己没有赚得盆满钵满。专家们提议说，我们不能投资于自己都不完全了解的任何股上。

如果你准备把自己的心交付给一个男人，这可不是一个随意的举动。他为人究竟如何值得你一生研究。你了解他越多，就会越觉得这个投资值得。如果你成为了解那个男人的专家顾问，你就能成功与他建立稳定长久的关系。

2. 市场不景气的时候，不要被吓倒了

股票疯涨的时候，人们就会非常激动，并将它买入。而股票下跌的时候，他们就会着急，并疯狂抛出。正确的投资方式恰好相反，市场低迷的时候就该买入，直到市场情势好转，回收能够大赚一笔的时候才抛出自己所积累的股票。

生活也自有跌宕起伏，男人们也不能免于这些起伏改变。生活

男人是逻辑动物 女人是情绪动物

214 —

变得艰难，男人的价值跌落的时候，有些女人就会跳出这段恋情，因为这不是她们预期的生活状况。当"市场"开始上扬的时候，这就是"投资"获得回报的最棒的开始。这需要你的勇气和"投资"，这也是获得最大回报的唯一方式。

在婚姻中，这就意味着你要遵守婚礼时的承诺，即"无论好坏"你们都要一起走下去。生活艰难的时候大家都感觉不好过，但这正是情感健康成长的温床。

3．利用"连锁反应"

长时间不断进行小投资会收获复合利益回报。起初，你的投资看起来好像只赚了一点点。但你用那一点点收益进行再次投资，你的本金就会一点点增多——而你就能收获更多利益。长期不断地进行投资，你的资本就会呈指数级增长。

你不能期待，只对男人付出一次关心就收获他的爱情。你也不能做情感"撤资"，因为这会产生连锁反应。

增加你对男人的"投资"的最好方式就是每一天都不断进行情感培养，然后将培养的情感值乘以时间。这就会保护你们的"资本"持续健康成长。

在情感关系中，没有可以"一夜暴富"的策略手段。它需要耐心，需要坚持。随着时间流逝，你的"资本"会不断增加，你的"分红"也会更多。

4．与"专家"合作

拉瑞叔叔靠自己的投资方式赚了一大笔钱，但这并不意味着你可以模仿这种方式去赚钱。媒体上的投资"专家"会给你提出投资建议，但他们的建议对你是否管用可就跟他们没关系了。一位关心你投资成功与否的经验丰富的理财者，是你财富增加的有价值资源。他们是你的策略合作伙伴，而不只是提供建议的人。他们接受过相关训练，也很有经验，见过很多小资本化作大财库的传奇。

我自己不会去安装空调、修理汽车的发动机，或者给自己做手术。像这种重要的事情，我会请专家来做，因为他们接受过专业的训练。

人若处在封闭的状态下，情感关系是不可能好的。我们太过靠近那些重要的问题和变化，所以无法完全理清楚全部的情感，"不识庐山真面目，只缘身在此山中。"人类是群居动物，所以，让我们和其他人分享旅程。前面的路看起来似乎无法通过时，我们就应请求专家帮忙。

我在亚利桑那州长大。青少年时期，我和伙伴们经常晒太阳，我们甚至用制革用油来增加阳光的炙热度。没有人认为这样做不好。

多年后的现在，我得经常拜访我的皮肤科医生。我一年要约见他一到两次，他会用冷冻的方法清除我体内还未癌变的因子。我自己是无法感受到体内的癌变因子的，但他的专业和经验都足以让他发现这些，并在它们最初出现的时候予以清除。治疗肯定是很难受

男人是逻辑动物 女人是情绪动物

的，但让我免除了之后的癌症之忧。

我很相信那些情感问题的理论家和专业顾问。男人普遍认为，如果他们寻求帮助，就会觉得自己很失败。这个观点暗示了，一般情况下，男人是不会去寻求帮助的，会独自解决遇到的所有问题。如果真的可以独自解决所有问题，那真是太棒了，但这种想法显然不切实际。

因为男人们"掌控欲"很强，所以他们经常会遭遇这种困扰。他们一直等到局面失去了控制，才会去寻求帮助。他们认为，如果不理睬情感中出现的问题，不把它放在心上，问题就会自动消失。而事实上，这个问题如果得不到及时的解决，那两人之间的感情就会得"癌症"，一段情感关系就会被毁掉。

有什么解决办法呢？情感关系好的时候，跟你的男人谈一谈做"情感保养"有什么好处，不要等到出现严重的问题再去做。对他而言，如果他认为自己不会受到攻击，那去做"保养"就不会令他恐慌。你们每年都做身体检查，那我建议，你们的情感关系每年也请一位"专家"来进行检查。

为你们和"专家"的会面做计划，让这位"专家"处理你们之间的小问题，以防止情况恶化，防患于未然。

创造高回报

在本书中，我们已经了解了男人的思维是怎样的，它跟女人的思维有何不同。用理解的眼光看待男人是情感关系稳定的基础。一旦这个基础奠定了，你就是在为你们的情感发展进行"投资"。

如果你使用了本书中提及的技巧，那你就开发出了自己的"投资策略"。那些小小的、不间断的付出会让你们在情感关系中得到满足。情感问题没有快速或者容易的解决方案，只有不间断的关爱才能解决。

在本书中，我要为你"投资"挑选出重要的策略，以下就是我找出的能够让你获得最高回报的简单策略。

1. 总是站在他的视角看待问题

从别人的视角看待问题不是生来就会的，因此你一生都要学着这样做。你对你的丈夫或男友与生俱来的不同之处接受程度越高，适应能力越强，你就越可能成为他真正的人生伴侣。这也让他更可能成为你所期望的那种人。

2. 一起玩

大部分男人对谈论情感关系、探究彼此的感受不感兴趣。他们跟自己的女人在一起时，只想过得快活，而这通常发生在两人一起玩的时候。跟你的丈夫或男友一起去玩吧，满足他的这项需要，玩的时候不要挑起问题，只有在合适的时候，他才会愿意跟你谈论问题。

他想法很简单，很乐意享受跟你玩的时光。让他享受跟你玩的时光吧，把这件事当成你们的首要任务。

3. 相处的时候要有幽默感

生活变得错综复杂时，我们自然要平复心情，严肃对待一切。生活是严肃的。让你们的情感关系变得"轻快"，这样才更容易让他变得严肃认真。影视剧情变得紧张时，总会用喜剧性的穿插来缓解紧张氛围，情感关系也是如此。

两年之前，我妻子和我跟朋友们讨论该如何处理情感关系中的艰难险阻。他们问我们是如何处理那些问题的，其实，我们的交流就是个严肃讨论交织着玩笑的过程。

女人说："哎，我认为你们男人比女人过得更开心。"对此，我思考了很久。这话可能是真的，但这并不是说，生活就一直是令人轻松愉悦的。我认为，无论环境好坏，我们都刻意欣赏彼此。这让我们团结合作，知道一起面对问题能让我们变得更坚强。

你的男友最初跟你交往，是因为这样一起比他独自一人生活更加好玩。如果这段关系失去了这种玩笑和嬉闹，失去了幽默，就会显得沉重乏味。如果你喜欢玩，那无论生活变成怎样，他都会享受跟你相处的时光。

4. 用各种方式表达你对他的尊重

男人最渴望得到尊重，这将决定他在生活中能获得多大的成功。如果他知道你尊重他的缺陷，这将会给他力量，让他变成你期望中的男人。你很容易忽略他的这种需求，因为这对你而言并不是特别重要。他需要尊重，就好比口渴的人需要水一样。

5. 说出你的愿望

要知道，你们总是在透过不同的"眼镜"看待同样的事物。你们在做出判断之前应该明确彼此所戴的是什么样的"眼镜"。

例如，他准备去便利店，问你："嘿，你想要我给你带点儿什么吗？"你回答说："好，给我带一个苹果吧。"你希望他带回的是一个又大又甜又脆、清凉爽口的红苹果。但他买回了一个又小又黄、口感很差的黄苹果，因为店里只剩了这种苹果。他做到了你所要求的，他认为满足了你的需要。但你原本期待的跟他带回来的不一样，因此你很失望。

男人和女人沟通的时候遇到问题，最大的原因就是彼此的期望

男人是逻辑动物 女人是情绪动物

值不同。花一点时间了解一下你的丈夫或男友在想什么（也顺便跟他说明你的想法），以后，你就不会这样失望了。

6. 关爱自己

保持健康，不断成长。无论他有怎样的表现，有怎样的想法，都不要影响你自己的心情，不要因为他而情绪低落。吃得健康，睡眠充足，给自己进行投资。如果你想建立完美的情感关系，你需要好好保护自己。

7. 要有策略

一件事物越重要，越有价值，就越值得关注。跟你交往的男人将是你最有潜力的投资股，而且也最可能收到最大的回报。仔细研究他，跟他一起成长，信任他。帮助他讲究策略，让他成为最棒的自己。

取得成就的潜力

投资是一种风险与机遇并存的活动。把钱存在银行，你会很有安全感，不过银行给的利息却不高。低风险，低回报。如果你想要高收益，你就该投资于那些最有潜力的项目，不过结局究竟如何可就不能预测了。

男人也是如此。当你对一个男人进行情感投资时，你期待获得最好的回报。你不去冒险，不深入地了解他，只希望两人相安无事。这种策略也许能让你们维持在一起，但你们的关系可能不会很好。

你的男友能靠得住，很有潜力，这让你有信心，你期待的情感资产会呈指数级增长。当然，这段关系也有风险——你无法预知未来究竟会怎样，也许现在他的"股票价格"很低。你对他了解得越多，越深入他的生活，你就可能收获越完美的爱情。

许多人都只是生活在平庸的关系中，因为他们都不愿去冒险，不愿去深入了解对方。但如果你接受挑战，和你的男友进行组合"投资"，那你们的关系将会抵达你所预料不到的高度，正如动画电影《玩具总动员》里的巴斯光年所说的那样："飞向无限！"[2]

你需要记住，男人有如下三种特性：

1. 他大有作为的潜力是无限的。

2. 要取得成就，你对他的影响力比其他任何人的影响更加重要。

3. 如果他感受到了你的支持和尊重，他就会为你和你们的情感关系做任何努力。换言之，他也会为了这段感情而进行"投资"。

本书只是为你跟你的男友或丈夫交流提供参考。在情感关系中，没有什么成功秘诀。你无法预测男人会对你的决定做出什么反应。但如果你是根据他的兴趣爱好和需要而做出的决定，那他就更可能以一种全新的、积极的态度来面对你。

男人是逻辑动物 女人是情绪动物

因此，实话实说，你并不是在影响他，而是在影响你自己。

有很多书都说，女人应该变成她丈夫所希望的那样。这跟本书所说的完全不一样。

问题的关键不在于变成一个全新的你，为了取悦他而放弃你自己。关键在于，你要尽你所能，保持你自身的完整，保持自我的完整。

与此同时，试着去理解你的男友或丈夫的思维。当你从他的视角看生活时，你就能做出对你们俩而言最好的选择。

如果你展现出最完美、健康的自己，那他就很难不改变对待你的态度。毕竟，你已经变成了一个不一样的人（从某种程度上而言是这样）。如果你做出了改变，他就会用全新的态度来看待你，他做出的回应自然也会改善。

冒险尝试

你之所以读本书，是因为你无法理解你的男友或丈夫，是吗？你希望得到一些能让你们的关系变得更加稳固的建议和准则，但你又不能确定那些准则究竟是什么样的。

本书的主旨是让你看透你男友或丈夫的头脑。我无法替你做出选择，我也不能修复已经破损的关系，没有一本书能够做到这些。

我能够做的就是当你的导游，为你指出你自己都不知道的一些关键之处，并让你发现那些看似危险的陷阱。我希望，本书能为你了解你的男友或丈夫提供一个新的视角。

从此之后，你的路该怎么走都要靠你自己。也许你们需要诚恳地接受你们之间的不同，来让你们的关系稳定发展，也许你们需要彼此沟通对这段关系的期许，也许你们的关系需要幽默、激情或谦逊来刺激，也许它需要专业的指导，也许它只是需要时间。

我们应该从理解对方开始。如果不知道你的男友或丈夫在想什么，你做出的所有修复关系的努力都将白费。如果是建立在理解的基础之上，那你们的情感增加的潜力是无限的。

他不会自带说明书出现在你眼前。

也许，你应该邀请他跟你一起完成这份说明书。

注释

第3章

1．莫利·埃德蒙兹．《男人和女人的大脑是不一样的吗？》引自《头脑是如何工作的》2015年12月11日

2．比约恩·凯里．《男人和女人的思维方式确实不一样》引自《活着的科学》2005年1月20日

3．莫利·埃德蒙兹．《男人和女人的大脑是不一样的吗？》

4．罗伯特·海因莱因．摘自《名人名言·海因莱因卷》2015年12月11日

第5章

1．凯文·莱曼．《出生顺序》（激流：Revell，2009）

第6章

1．迈克·贝克特尔．《如果你不允许，没人能让你失去理智》

第7章

1．菲德翰．《给你的悄悄话——男人不要看》．第2章（科罗拉多斯普林斯：摩特诺玛书籍，2013）

2．肯·布兰查德．《与肯·布兰查德在一起的75年——回顾历史，展望未来》．摘自《点燃篝火》，2014年5月

第8章

1．《圣经·旧约·箴言篇》15:1

第9章

1．《全家福》．维基百科2015年12月11日

2．埃德蒙兹．《男人和女人的大脑是不一样的吗？》

3．《女人应该了解男人的10件事》．中心网页2014年12月30日

4．《男人希望能告诉女人的6件事》．摘自婚恋交友网eHarmony 2015年12月11日

5．艾伦·弗朗西斯．《男人所知的关于女人的一切》．（新泽西州里弗赛德：安德鲁斯·麦克米尔出版发行公司，1995年）

6．《女人应该了解男人的10件事》

7．《男人希望能告诉女人的6件事》

8．路德维希．《亲爱的，你在听我说吗？——男人为什么不听你说话》．摘自《今日健康》2009年10月27日

9．詹姆斯·迈克尔·萨玛．《行为比言语更加重要：男人表达爱意的12种方式》．摘自《哈芬顿邮报》2015年3月13日版

第11章

1．布莱恩·卢克·斯沃德．《压力管理：健康幸福的策略和原则》第6章．（马萨诸塞州伯灵顿：琼斯和巴勒特学术，2011年）

第12章

1．布鲁斯·费斯坦．《真汉子不吃烤蛋饼》．（纽约：口袋书籍，1982年）

2．瑞克·瓦伦．《标杆人生》．（激流：桑德凡，2002年）

男人是逻辑动物　女人是情绪动物

第14章

1．迈克·贝克特尔．《如果你不允许，没人能让你失去理智》
（Revell，2012年）

2．埃琳娜·罗斯福．《埃琳娜·罗斯福箴言》．摘自《智慧箴言》
2015年12月11日版

3．维克多·弗兰克尔．《追寻生命的意义》．（波士顿：灯塔出版社
2000年）

4．詹姆斯·斯图亚特·贝尔、珍妮特·加德纳·利特尔顿．《平静地
祈祷：接受、勇气和智慧的真实故事》．（马萨诸塞州：亚当斯媒体，
2007年）

第15章

1．杰克·伦敦．《点燃篝火》．（纽约：班塔姆古典文学，1986年）

2．"巴斯光年"．维基百科2015年12月11日

图书在版编目(CIP)数据

男人是逻辑动物 女人是情绪动物 / （美）迈克·贝克特尔著；
李菲译. — 武汉：武汉大学出版社，2017.8（2020.5重印）
ISBN 978-7-307-19423-6

Ⅰ.男… Ⅱ.①迈… ②李… Ⅲ.恋爱－通俗读物 Ⅳ.C913.1-49

中国版本图书馆CIP数据核字（2017）第143357号

责任编辑：崔 瑶 责任校对：王婷芳 版式设计：刘珍珍

出版发行：武汉大学出版社 （430072 武昌 珞珈山）
　　　　　（电子邮件：cbs22@whu.edu.cn 网址：www.wdp.com.cn）
印刷：三河市京兰印务有限公司
开本：880×1230 1/32 印张：8 字数：161千字
版次：2020年5月第1版第2次印刷
ISBN 978-7-307-19423-6 定价：46.00元